DEUTSCHES INSTITUT FÜR WIRTSCHAFTSFORSCHUNG
(INSTITUT FÜR KONJUNKTURFORSCHUNG)

Kosten und Preise in der Bundesrepublik 1950 bis 1960

Entwicklung und Probleme

von

Dieter Hiß

DUNCKER & HUMBLOT / BERLIN 1963

Die Untersuchung wurde durch den Senator für Wirtschaft, Berlin, mit ERP-Forschungsmitteln gefördert.

Herausgeber: Deutsches Institut für Wirtschaftsforschung, 1 Berlin 33, Königin-Luise-Straße 5. Schriftleitung: Dr. Horst Seidler; mit der Vertretung beauftragt Klaus Henkner. — Verlag: Duncker & Humblot, Berlin 41, Dietrich-Schäfer-Weg 9. — Alle Rechte vorbehalten. — Druck 1963 bei Buch- und Kunstdruckerei Gustav Ahrens, Berlin 65. Printed in Germany.

Inhaltsverzeichnis

	Seite
Einleitung	5
Die Ergebnisse der Berechnungen	7
Die Kosten	7
Die Preise der Verwendungsseite und ihre Kostenstruktur	20
Bemerkungen zur Indexproblematik	24
Paasche-Indizes versus Laspeyres-Indizes	24
Qualitätsänderungen und neue Produkte	27
Preisindizes und stabiler Geldwert	31
Lohnpolitische und allgemein wirtschaftspolitische Schlußfolgerungen	35
Zusammenfassung	45
Anhang: Der Zusammenhang zwischen Entstehungsseite und Verwendungsseite des Sozialproduktes	47

Einleitung

Die langsame Erhöhung des mit Hilfe eines Preisindex dargestellten Preisniveaus im Zuge eines wirtschaftlichen Wachstumsprozesses ist kein ausgesprochen modernes Problem[1]). Eher handelt es sich hier um eines jener festen Bande, die Gegenwart und Vergangenheit miteinander verknüpfen. Wenn es dennoch heute erhöhte Aufmerksamkeit findet, so nicht zuletzt deshalb, weil schlimmere Übel der jüngsten Vergangenheit — wie offene Inflation und Massenarbeitslosigkeit — wenigstens in unseren Breiten vorerst überwunden sind und damit auch das wissenschaftliche Interesse, das sich vorher ihnen zuwandte, für andere Fragestellungen frei geworden ist. Gerade im Zusammenhang mit den beiden eben genannten ökonomischen Heimsuchungen zeigt sich deutlich, daß die sogenannte schleichende Inflation alles andere als die schlimmste Geißel der wirtschaftenden Menschheit darstellt. Ausnahmsweise handelt es sich einmal nicht um das wichtigste, sondern allenfalls um das drittgrößte Problem, das hier behandelt werden soll. Es besteht nämlich kein Anlaß, die von *Gottfried Haberler* bereits in den zwanziger Jahren formulierte Einsicht zu vergessen, daß das Geldwertrisiko neben den vielen sonstigen Risiken, denen jede dynamische Wirtschaft ausgesetzt ist, verschwindet[2]). *Haberler* betont in diesem Zusammenhang, daß nur bei einer sehr scharfen, auf einen kurzen Zeitraum zusammengedrängten allgemeinen Preisänderung die Entwertung von Geldschulden sich zu einer sozialen Kalamität auswachse. Der Großteil der Geldschulden sei verhältnismäßig kurzfristig, auch ewige Renten wechselten ihren Besitzer[3]). Ebensogut hätte *Haberler* darauf hinweisen können, daß Rentenbesitzer ihre Interessenlage nicht beurteilen dürfen, indem sie von einem gegebenen Zins für ihre Papiere ausgehen, unabhängig von der Entwicklung des Preisniveaus, sondern daß sie bei stabilem Preisniveau auch mit niedrigeren Nominalzinsen rechnen müßten. Wie weit ist die Verabsolutierung von Geldwertproblemen von diesem Standpunkt entfernt.

In dieser Arbeit wird in erster Linie das bescheidene Ziel verfolgt, die Preisentwicklung in ihren beiden Aspekten als Kostenentwicklung einerseits, Güterpreisentwicklung andererseits d e s k r i p t i v festzuhalten. Es wird damit ein Bild des Kosten-Preis-Zusammenhanges geliefert, das der Interdependenz entspricht. Interdependenz, nicht Kausalität (Verursachung der

---

[1]) R. G. Lipsey, Does Money always Depreciate? Lloyds Bank Review, October 1960, S. 1 ff.
[2]) Gottfried Haberler, Der Sinn der Indexzahlen. Tübingen 1927, S. 120.
[3]) G. Haberler, a. a. O.

Preisanstiege durch die Kostenentwicklung) soll zum Ausdruck gebracht werden.

Für die Erforschung der **Kausal**beziehungen bei der Entwicklung von Kosten (oder Faktorpreisen) und Güterpreisen ist der hier gewählte Rahmen der Volkswirtschaftlichen Gesamtrechnung in keinem Fall geeignet. Allenfalls ließen sich die auf dieser Basis errechneten statistischen Daten nun ihrerseits in ein Modell zur Falsifizierung gewisser diesem Modell zugrunde gelegten Hypothesen über den Preissteigerungsmechanismus einbauen[4]). Das geschieht hier jedoch nicht.

Wenn sich besonders im dritten Kapitel einige theoretische Bemerkungen finden, so sind sie aus der logischen Struktur des Preisproblems abgeleitet. Die wirtschaftspolitischen Erörterungen sind durch den Gedanken bestimmt, daß es im Fall antinomischer Zielsetzungen, um die es sich bei der Forderung von „Wachstum bei Vollbeschäftigung und stabilem Preisniveau" auf der Grundlage der gegebenen und politisch gewollten Wirtschaftsordnung handelt, — von Spezialfällen abgesehen — auf Kompromißlösungen ankommt. In ihrem Rahmen kann kein einzelnes Ziel des Zielbündels hundertprozentig realisiert werden. Berücksichtigt man dies, so besteht kein Anlaß, daß sich die verschiedenen am Wirtschaftsprozeß beteiligten Gruppen gegenseitig die Schuld an der langsamen Erhöhung des Preisniveaus zuschieben. Nicht die Schuldfrage erhebt sich, sondern die Frage nach der Funktionsweise eines politisch gewollten Systems. Es erscheint das Urteil gerechtfertigt, daß die Preisentwicklung in der westdeutschen Wirtschaft während der fünfziger Jahre besser war als die sie begleitende wirtschaftspolitische Diskussion.

---

[4]) Gedacht ist an Preisgleichungen, in denen industrielle Erzeugerpreise, Preise für die Lebenshaltung etc. durch andere Variablen (z. B. Löhne, Produktivität, Importpreise) erklärt werden; vgl. etwa die Funktionen für die industriellen Erzeugerpreise oder die Lebenshaltungskosten in Herbert Gülicher, Ein einfaches ökonometrisches Dezisionsmodell für die Wirtschaft der Bundesrepublik. Zeitschrift für die gesamte Staatswissenschaft, 117. Bd./1961, S. 56 ff. — Ähnliche Preisgleichungen für verschiedene Teilpreisniveaus (Verbraucherpreisniveau, Exportpreisniveau, Investitionspreisniveau und Preisniveau der öffentlichen Ausgaben) finden sich in dem kurzfristigen Projektionsmodell für die niederländische Volkswirtschaft des Central Plan Bureau, siehe Central Economic Plan 1961, Den Haag, August 1961, S. 122 ff. — Auch in ihnen sind Lohnkosten und Importpreise die wichtigsten erklärenden Variablen.

In diesem Zusammenhang sei auf die Ausführungen Stützels über Ursachenforschung hingewiesen, die in der Gleichsetzung von ursächlicher und moralischer Zurechnung gipfeln, da Kausalthesen moralische Werturteile implizieren. Wolfgang Stützel, Volkswirtschaftliche Saldenmechanik, Tübingen 1958, S. 116 ff.

Die Ergebnisse der Berechnungen

Der Versuch, im Rahmen der Volkswirtschaftlichen Gesamtrechnung ein integriertes System von Preis- und Kostenindizes aufzustellen, geht von dem Grundgedanken aus, daß alle Preise für Güter und Dienste in die volkswirtschaftlichen Kostenfaktoren Lohn, Abschreibungen, indirekte Steuern (abzüglich Subventionen), Gewinne (einschließlich Zinsen) sowie Preise importierter Güter und Dienste aufzulösen sind. Dabei ist nicht an einen kausalen Zusammenhang gedacht, als ob diese Kostenfaktoren die Preise ursächlich bedingten, sondern an die tautologischen Beziehungen innerhalb eines geschlossenen Kreislaufes. Diese Betrachtungsweise lenkt den Blick darauf, daß die Preise der Endgüter (letzte Verwendung) prinzipiell von der Entstehungsseite her zu rekonstruieren sein müssen.

Die Kosten

Das dem Tableau auf S. 48 entsprechende Ausgangsmaterial der Berechnungen für die einzelnen Jahre entstammt in Güterbereitstellung (Beiträge der Wirtschaftsbereiche und Importe) und Güterverwendung den vom Statistischen Bundesamt in jeweiligen Preisen und in konstanten Preisen des Jahres 1954 aufgestellten Volkswirtschaftlichen Gesamtrechnungen (ohne Berlin und Saarland). Aus ihnen ergab sich das in den Tabellen 1 und 2 aufgezeichnete Bild der Preisentwicklung.

Über die Input-Output-Struktur der westdeutschen Volkswirtschaft liegen noch keine amtlichen Darstellungen vor. Diese Lücke wurde daher durch Rückgriff auf im DIW für die Jahre 1950, 1954 und 1958 aufgestellte Input-Output-Matrizen geschlossen. Auf dieser Grundlage konnten auch die übrigen Jahre (1951—53, 1955—57 und 1959—60) durch Inter- und Extrapolation der Bearbeitung zugänglich gemacht werden.

In einer Hinsicht freilich waren auch die amtlichen Daten für die Entstehungsseite des Sozialprodukts zu ergänzen: Die amtliche Aufteilung der Beiträge der einzelnen Wirtschaftsbereiche zum Bruttoinlandsprodukt bleibt bei der Wertschöpfung stehen. Diese ist nicht weiter unterteilt in Bruttoeinkommen aus unselbständiger Arbeit[5]) und ein Residuum, das entnommene und nichtentnommene Gewinne, Zinsen, freiwillige Sozialleistungen der Unternehmer sowie Einkommen der mithelfenden Familienangehörigen enthält.

---

[5]) Bruttolöhne und -gehälter sowie Arbeitgeberbeiträge zu öffentlichen Einrichtungen der sozialen Sicherung.

Tabelle 1   **Preisentwicklung der**

Wirtschaftsbereiche	Gewichtsstruktur [1] in vH							
	1950	1951	1952	1953	1954	1955	1956	1957	1958
Land-, Forstwirtschaft und Fischerei	9,3	9,6	8,8	8,1	7,5	6,6	6,0	5,8	5,9
Bergbau u. Energiewirtschaft	6,0	6,2	5,8	5,3	5,1	4,9	5,0	4,8	4,5
Verarbeitendes Gewerbe	31,5	33,0	33,8	34,7	34,9	35,8	35,6	35,5	35,3
Baugewerbe	4,8	4,6	4,6	5,1	4,9	5,1	5,0	4,6	4,6
Handel	12,6	12,0	11,7	11,5	11,3	11,1	11,4	11,3	11,2
Verkehr und Nachrichtenübermittlung	6,6	6,5	6,2	5,8	5,6	5,7	5,8	5,6	5,4
Banken und Versicherungen	2,3	2,4	2,4	2,5	2,5	2,3	2,3	2,3	2,3
Staat	8,0	7,5	7,3	6,8	6,5	6,0	5,8	5,8	5,7
alle übrig. Dienstleistungen[3])	8,4	8,1	8,0	8,0	7,7	7,3	7,2	7,1	7,1
Bruttoinlandsprodukt	89,5	89,9	88,6	87,8	86,0	84,8	84,1	82,8	82,0
Einfuhr (Güter und Dienste)	10,5	10,1	11,4	12,2	14,0	15,2	15,9	17,2	18,0
Güterbereitstellung	100	100	100	100	100	100	100	100	100

[1]) Anteil an der Güterbereitstellung zu Preisen des Jahres 1954. — [2]) Statistisches Bundesamt.

Tabelle 2   **Preisentwicklung der**

Verwendung	Gewichtsstruktur [1] in vH							
	1950	1951	1952	1953	1954	1955	1956	1957	1958
Privater Verbrauch	54,0	52,4	51,3	52,6	50,3	48,6	49,2	48,8	49,0
Staatsverbrauch	14,7	14,7	14,7	13,4	12,6	11,6	10,9	10,6	11,0
Anlageinvestition	17,0	16,7	16,2	17,4	18,0	19,2	18,9	17,7	18,0
Vorratsinvestition	3,1	2,5	3,5	1,2	1,9	2,8	1,9	2,1	1,4
Ausfuhr	11,2	13,7	14,3	15,4	17,2	17,8	19,1	20,8	20,6
Güterverwendung	100	100	100	100	100	100	100	100	100

[1]) Anteil an der Güterverwendung zu Preisen des Jahres 1954. — [2]) Statistisches Bundesamt.

Güterbereitstellung   *Tabelle 1*

		Preise je Einheit des Beitrages zum BIP 2) 1954 = 100									
1959	1960	1950	1951	1952	1953	1954	1955	1956	1957	1958	1959	1960
5,5	5,3	86,1	91,3	99,1	99,6	100	107,2	111,7	113,1	113,7	112,6	111,2
4,1	4,0	70,9	74,2	83,9	97,6	100	97,5	101,3	105,9	111,3	112,3	112,5
34,9	35,4	93,4	105,5	105,5	101,7	100	100,4	102,6	104,9	107,4	108,9	111,5
4,6	4,4	90,0	96,4	99,6	99,1	100	105,8	110,7	116,2	121,6	128,8	139,5
11,2	11,0	81,9	92,0	105,9	101,3	100	103,3	104,1	109,6	112,6	113,1	114,6
5,3	5,2	84,6	91,2	98,1	99,8	100	102,3	102,4	105,4	114,0	116,3	119,5
2,3	2,2	83,0	95,4	94,3	95,3	100	106,2	114,0	121,1	127,5	136,1	143,1
5,4	5,1	76,0	83,8	92,0	97,8	100	103,8	112,6	116,7	122,8	123,7	131,6
6,9	6,4	83,7	88,1	93,0	96,3	100	103,5	108,6	111,9	118,5	122,9	131,6
80,2	79,0	85,9	94,9	100,1	99,9	100	102,2	105,4	108,7	112,6	114,5	117,9
19,8	21,0	98,2	121,3	112,7	101,5	100	102,0	104,0	105,3	100,0	96,9	97,4
100	100	87,2	97,5	101,6	100,1	100	102,2	105,1	108,1	110,3	111,0	113,6

— 3) Wohnungsvermietung und sonstige Dienstleistungen,

Güterverwendung   *Tabelle 2*

		Preise je Verwendungseinheit 2) 1954 = 100									
1959	1960	1950	1951	1952	1953	1954	1955	1956	1957	1958	1959	1960
47,4	46,1	90,3	98,2	100,9	99,4	100	101,9	104,1	107,2	110,0	111,2	113,2
11,0	10,7	80,3	90,0	96,8	98,8	100	103,8	109,5	113,1	117,3	118,1	123,3
18,4	18,6	84,8	96,9	104,2	101,7	100	103,4	106,9	110,6	112,5	114,9	119,6
1,6	2,5	94,1	112,3	106,2	102,5	100	102,6	105,4	105,2	107,3	106,1	106,9
21,6	22,1	83,1	100,9	104,9	101,6	100	100,7	103,5	106,0	105,6	104,0	105,3
100	100	87,2	97,5	101,6	100,1	100	102,2	105,1	108,1	110,3	111,0	113,6

Tabelle 3 **Aufteilung der Beiträge in Mill. DM zu**

	1950	1951	1952	1953
Land-, Forstwirtschaft, Fischerei				
Bruttoeinkommen aus unselbst. Arbeit	1 797	2 002	2 067	2 095
Abschreibungen	600	690	780	810
Indirekte Steuern	520	620	750	740
Residualeinkommen[1]	7 213	8 908	9 693	9 745
Beitrag zum BIP	10 130	12 220	13 290	13 390
Bergbau und Energiewirtschaft				
Bruttoeinkommen aus unselbst. Arbeit	3 109	3 832	4 216	4 440
Abschreibungen	1 210	1 290	1 560	1 600
Indirekte Steuern	640	810	1 010	1 200
Residualeinkommen[1]	441	438	694	1 340
Beitrag zum BIP	5 400	6 370	7 480	8 580
Verarbeitendes Gewerbe				
Bruttoeinkommen aus unselbst. Arbeit	17 460	21 940	24 102	26 478
Abschreibungen	3 770	4 700	5 130	5 080
Indirekte Steuern	7 170	9 320	10 980	11 960
Residualeinkommen[1]	8 780	12 410	14 258	14 992
Beitrag zum BIP	37 180	48 370	54 470	58 510
Baugewerbe				
Bruttoeinkommen aus unselbst. Arbeit	3 734	4 394	4 845	5 817
Abschreibungen	200	240	310	330
Indirekte Steuern	480	630	770	900
Residualeinkommen[1]	1 016	956	1 125	1 363
Beitrag zum BIP	5 430	6 220	7 050	8 410
Handel				
Bruttoeinkommen aus unselbst. Arbeit	3 473	4 224	4 943	5 640
Abschreibungen	920	1 070	1 160	1 150
Indirekte Steuern	2 010	2 870	3 510	4 170
Residualeinkommen[1]	6 607	7 186	9 377	8 420
Beitrag zum BIP	13 010	15 350	18 990	19 380
Verkehr und Nachrichtenübermittlung				
Bruttoeinkommen aus unselbst. Arbeit	4 003	4 742	5 187	5 626
Abschreibungen	1 170	1 390	1 590	1 580
Indirekte Steuern	480	580	640	520
Residualeinkommen[1]	1 417	1 508	1 843	1 884
Beitrag zum BIP	7 070	8 220	9 260	9 610
Banken und Versicherungen				
Bruttoeinkommen aus unselbst. Arbeit	769	1 036	1 206	1 341
Abschreibungen	90	120	130	140
Indirekte Steuern	190	250	320	390
Residualeinkommen[1]	1 351	1 724	1 804	1 999
Beitrag zum BIP	2 400	3 130	3 460	3 870

Fortsetzung nächste Seite

zum Bruttoinlandsprodukt
jeweiligen Preisen

Tabelle 3

1954	1955	1956	1957	1958	1959	1960
2 164	2 256	2 345	2 404	2 378	2 352	2 321
840	920	1 010	1 110	1 250	1 410	1 630
770	780	400	170	160	120	140
9 956	10 564	11 195	11 906	12 712	12 968	13 359
13 730	14 520	14 950	15 590	16 500	16 850	17 450
4 607	5 054	5 514	6 187	6 338	6 125	6 245
1 650	1 710	1 970	2 140	2 280	2 280	2 400
1 310	1 390	1 320	1 420	1 630	1 790	1 920
1 663	1 796	2 526	2 313	2 122	2 385	2 735
9 230	9 950	11 330	12 060	12 370	12 580	13 300
29 152	33 818	38 389	42 887	46 099	49 096	56 500
5 990	5 540	6 180	6 840	7 380	7 600	8 480
12 730	14 780	16 060	17 070	17 410	19 340	21 500
16 778	20 082	20 711	21 663	23 171	26 694	31 270
63 750	74 220	81 340	88 460	94 060	102 730	117 750
6 326	7 629	8 415	8 983	9 582	11 013	12 273
340	400	520	610	740	790	880
950	1 150	1 280	1 350	1 480	1 780	2 010
1 404	1 931	2 025	1 807	1 958	2 607	3 337
9 020	11 110	12 240	12 750	13 760	16 190	18 500
6 468	7 636	8 752	9 462	10 935	12 444	14 152
1 130	1 190	1 340	1 530	1 720	1 770	1 910
4 730	5 040	5 570	6 020	6 360	7 380	7 860
8 382	9 804	10 608	12 428	12 335	12 566	13 758
20 710	23 670	26 270	29 440	31 350	34 160	37 680
5 914	6 427	7 121	7 008	8 085	8 557	9 572
1 560	1 780	2 030	2 270	2 340	2 420	2 650
460	550	550	590	980	1 110	1 180
2 296	3 233	3 429	4 312	3 845	4 623	4 978
10 230	11 990	13 130	14 180	15 250	16 710	18 380
1 555	1 746	1 927	2 150	2 396	2 656	2 954
160	170	200	220	240	260	280
450	490	580	710	810	920	1 020
2 305	2 704	3 163	3 510	3 784	4 424	5 246
4 470	5 110	5 870	6 590	7 230	8 260	9 500

Tabelle 3 (Fortsetzung)   **Aufteilung der Beiträge in Mill. DM zu**

	1950	1951	1952	1953
Staat				
Bruttoeinkommen aus unselbst. Arbeit	7 040	8 100	9 410	10 180
Abschreibungen	420	500	560	580
Indirekte Steuern	50	60	70	80
Residualeinkommen	130	120	150	210
Beitrag zum BIP	7 640	8 780	10 190	11 050
Alle übrigen Dienstleistungen				
Bruttoeinkommen aus unselbst. Arbeit	2 685	3 150	3 594	4 153
Abschreibungen	1 700	1 920	2 090	2 130
Indirekte Steuern	1 070	1 240	1 420	1 530
Residualeinkommen¹)	3 455	3 630	4 206	4 837
Beitrag zum BIP	8 910	9 940	11 310	12 650
Alle Bereiche				
Bruttoeinkommen aus unselbst. Arbeit	44 070	53 420	59 570	65 770
Abschreibungen	10 080	11 920	13 310	13 400
Indirekte Steuern	12 610	16 380	19 470	21 490
Residualeinkommen der Wirtschaft¹)	30 280	36 760	43 000	44 580
Residualeinkommen des Staates	130	120	150	210
Bruttoinlandsprodukt	97 170	118 600	135 500	145 450
Einfuhr (Güter und Dienste)	12 960	17 010	19 550	20 550
Güterbereitstellung	110 130	135 610	155 050	166 000

¹) Entnommene und nichtentnommene Gewinne, Einkommen der mithelfenden Familien-

Die Aufspaltung der Wertschöpfung der Wirtschaftsbereiche wurde daher ebenfalls im Anschluß an eigene Untersuchungen des DIW vorgenommen[6]) und führte zu den in Tabelle 3 festgehaltenen Zahlen für Unselbständigen- und Residualeinkommen.

An Hand dieser Daten konnte nun die Entwicklung der Kosten — Bruttoeinkommen aus unselbständiger Arbeit (L), Abschreibung (D), indirekte Steuern (T) und Residuum (R) — je Produktionseinheit $\left(Y_i^o \right)$ der neun Wirtschaftsbereiche errechnet werden. Diese Kostenmeßziffern, auf der Basis des Jahres 1954, haben folgende Form:

$$\frac{L_i^t \, / \, Y_i^o}{L_i^{1954} \, / \, Y_i^{1954}}$$

---

[6]) Vgl. jüngere Veröffentlichungen in den Vierteljahresheften zur Wirtschaftsforschung von Gerhard Göseke, Die Bruttolöhne und -gehälter im Jahre 1960 (a. a. O., 4. Heft 1961, S. 350 ff.) und im Jahre 1961 (a. a. O., 2. Heft 1962, S. 134 ff.). Ein Sonderheft über die Entwicklung seit 1950 wird vorbereitet.

Die Kosten 13

zum Bruttoinlandsprodukt (Fortsetzung) *Tabelle 3*
jeweiligen Preisen

1954	1955	1956	1957	1958	1959	1960
10 890	11 910	13 310	14 710	15 900	16 500	18 175
610	660	720	790	850	940	1 040
80	90	100	110	120	130	140
270	320	410	460	520	570	715
11 850	12 980	14 540	16 070	17 390	18 140	20 070
4 784	5 464	6 037	6 689	7 287	8 037	8 798
2 200	2 390	2 580	2 810	3 060	3 320	3 690
1 640	1 750	1 910	2 080	2 190	2 390	2 550
5 336	5 906	6 863	7 481	8 363	9 053	10 282
13 960	15 510	17 390	19 060	20 900	22 800	25 320
71 860	81 940	91 810	100 480	109 000	116 780	130 990
13 580	14 760	16 550	18 320	19 860	20 790	22 960
23 120	26 020	27 770	29 520	31 140	34 960	38 320
48 120	56 020	60 520	65 420	68 290	75 320	84 965
270	320	410	460	520	570	715
156 950	179 060	197 060	214 200	228 810	248 420	277 950
25 460	31 910	36 810	42 990	44 720	51 730	60 870
182 410	210 970	233 870	257 190	273 530	300 150	338 820

angehörigen sowie freiwillige Sozialleistungen der Unternehmen.

bzw. $\dfrac{D_i^t / Y_i^o}{D_i^{1954} / Y_i^{1954}}$

bzw. $\dfrac{T_i^t / Y_i^o}{T_i^{1954} / Y_i^{1954}}$

bzw. $\dfrac{R_i^t / Y_i^o}{R_i^{1954} / Y_i^{1954}}$ $\quad (i = 1, 2, \ldots m)$

Damit diese Meßziffern den Preisindex des Beitrages des betreffenden Wirtschaftsbereiches i zum BIP $\dfrac{Y_i^t}{Y_i^o}$ ergeben, ist jede Meßziffer mit ihrem Nenner zu wiegen:

$$(1)\quad \frac{Y_i^t}{Y_i^o} = \frac{L_i^t/Y_i^o}{L_i^{1954}/Y_i^{1954}} \cdot \frac{L_i^{1954}}{Y_i^{1954}} + \frac{D_i^t/Y_i^o}{D_i^{1954}/Y_i^{1954}} \cdot \frac{D_i^{1954}}{Y_i^{1954}} + \frac{T_i^t/Y_i^o}{T_i^{1954}/Y_i^{1954}} \cdot \frac{T_i^{1954}}{Y_i^{1954}} + \frac{R_i^t/Y_i^o}{R_i^{1954}/Y_i^{1954}} \cdot \frac{R_i^{1954}}{Y_i^{1954}}$$

Ferner sei daran erinnert, daß auch der Preisindex der Güterbereitstellung

$$\frac{S^t}{S^o},$$

ein gewogenes Mittel, nämlich aus Beitragspreisen und Importpreisen, ist

$$(2)\quad \frac{S^t}{S^o} = \sum_{i=1}^{m} \frac{Y_i^t}{Y_i^o} \cdot \frac{Y_i^o}{S^o} + \frac{M^t}{M^o} \cdot \frac{M^o}{S^o}$$

Die Gewichte der Kostenmeßziffern in Gleichung (1) sind also noch mit

$$\frac{Y_i^o}{S^o}$$

zu multiplizieren, wenn man die Gewichte der Kostenmeßziffern im Preisindex der Güterbereitstellung erhalten will. Sowohl die Kostenmeßziffern als auch ihre Gewichte im Rahmen der gesamten Güterbereitstellung finden sich in Tabelle 4.

Besonders aufmerksam gemacht sei auf den grundlegenden Unterschied zwischen den in Tabelle 4 gleichzeitig enthaltenen Preisindizes und Kostenmeßziffern.

Die Preisindizes des verwendeten Typs (Paasche-Typ) zeigen an, um wieviel vH die Ausgaben für eine Produktionseinheit in den einzelnen Jahren zu laufenden Preisen über oder unter den Ausgaben lagen, die zu machen gewesen wären, wenn man dieselbe Produktionseinheit zu Preisen des Basisjahres 1954 hätte erwerben können. Als Produktionseinheit ist dabei die Menge an Leistungen (Beitrag zum BIP oder Güterbereitstellung) definiert, die — bewertet zu Preisen des Basisjahres — eine Geldeinheit kostet. Entsprechend den ständigen Änderungen in der Zusammensetzung der Güterbereitstellung oder der Beiträge zum BIP ist folglich unter „Produktionseinheit" ein von Jahr zu Jahr anders strukturiertes Leistungsbündel zu verstehen.

Die Kostenmeßziffern andererseits geben die Entwicklung der verschiedenen volkswirtschaftlichen Aufwandsarten je Produktionseinheit wieder. Ihr Unterschied zu einem Preisindex soll am Beispiel der Bruttoeinkommen aus unselbständiger Arbeit erläutert werden. Während die Meßziffer des Arbeitskostenaufwandes je Produktionseinheit bestimmt wird durch Arbeitskosten je Beschäftigtenstunde × Arbeitszeit je Produktionseinheit, würde ein Preisindex der Arbeitskosten (Lohn- und Lohnnebenkosten) die Entwicklung der Stundenlöhne für verschiedene Beschäftigtenkategorien in einem gewogenen Durchschnitt ausdrücken. Aus dem mathematischen Produkt, das die Bestimmungsfaktoren der Meßziffer des Arbeitskostenaufwandes zusammenfaßt, geht hervor, daß Meßziffern dieser Art in Preisindizes (Arbeitskosten je Beschäftigtenstunde) und Mengenindizes (Arbeitszeit je Produktionseinheit) zerlegt werden können. Auf diese Weise tritt das Preis- und Mengengerüst der Kosten in Erscheinung. Allerdings ist dies auch theoretisch, erst recht praktisch nur bei den Kostenarten möglich, für die sich eine Mengen- oder Preiskomponente überhaupt definieren läßt. Die Schwierigkeiten in dieser Hinsicht bei Gewinnen und indirekten Steuern etwa liegen auf der Hand. Schon deshalb wurde hier darauf verzichtet, in dieser Richtung weiter, d. h. noch hinter die Kostenmeßziffern zu gehen.

Um einer fehlerhaften Interpretation der Zahlen vorzubeugen, muß noch einmal darauf hingewiesen werden, daß die Volkswirtschaftliche Gesamtrechnung nicht erlaubt, Kausalbeziehungen zwischen den einzelnen Größen zu ermitteln. Ursachen der Preissteigerungen lassen sich daher aus ihr nicht herauslesen. Es wäre falsch, zum Beispiel eine stark steigende Meßziffer für Löhne oder Gewinne als Zeichen dafür anzusehen, daß der Preissteigerung Lohn- oder Gewinnerhöhungen ursächlich zugrunde liegen. Eine solche Vereinfachung würde verkennen, daß die Ursachen des Preissteigerungsprozesses etwas grundsätzlich anderes sind als die in der Gesamtrechnung ex post aufgezeichneten Ergebnisse dieses Prozesses.

Wiederum soll an einem einfachen Beispiel erläutert werden, wie der Prozeß mit seinen „Ursachen" sich vom statistischen Niederschlag des Prozesses in Gestalt der Meßziffern unterscheiden kann. Es mögen über eine gewisse Periode hinweg die Löhne je Produktionseinheit stabil geblieben, die Residualeinkommen und Abschreibungen je Produktionseinheit stark angestiegen sein. Bei einer Beschreibung dieses Vorganges als „Gewinninflation" würde indessen übersehen werden, daß die auslösenden Faktoren möglicherweise stärker auf der Lohnseite lagen: Lohnsteigerungen haben die Investitionsneigung und effektiven Investitionsausgaben der Wirtschaft erhöht mit der Wirkung, daß die Produktivität schneller stieg als die Löhne; gleichzeitig konnte der Investitionsprozeß in der hierzu erforderlichen Stärke nur durchgehalten werden, weil er zu verstärkter Gewinnbildung führte. Innere Verursachung (das Streben nach Substitution) und statistisches Bild hätten in einem solchen Fall nichts miteinander gemein. Mit der Bezeichnung „Gewinninflation" wären die Akzente falsch gesetzt.

Das volle Dilemma tritt aber erst nach einer weiteren Überlegung zutage: Bei schwächeren Investitionen wären durch dieselbe Lohnerhöhung die Löhne je Produktionseinheit gestiegen, weil die Produktivität langsamer als im vor-

Tabelle 4 **Entwicklung der Preise je Einheit der Güterbereitstellung**

	Gewichtsstruktur in vH								
	1950	1951	1952	1953	1954	1955	1956	1957	1958
Land-, Forstwirtschaft und Fischerei									
Bruttoeinkommen aus unselbst. Arbeit	1,5	1,5	1,4	1,3	1,2	1,0	0,9	0,9	0,9
Abschreibungen	0,6	0,6	0,5	0,5	0,5	0,4	0,4	0,4	0,4
Indirekte Steuern	0,5	0,5	0,5	0,4	0,4	0,4	0,3	0,3	0,3
Residualeinkommen[1]	6,7	6,7	6,4	5,9	5,4	4,8	4,4	4,2	4,3
Beitrag zum BIP	9,3	9,6	8,8	8,1	7,5	6,6	6,0	5,8	5,9
Bergbau und Energiewirtschaft									
Bruttoeinkommen aus unselbst. Arbeit	3,0	3,1	2,9	2,6	2,5	2,4	2,5	2,4	2,3
Abschreibungen	1,1	1,1	1,9	0,9	0,9	0,9	0,9	0,8	0,8
Indirekte Steuern	0,8	0,9	0,8	0,8	0,7	0,7	0,7	0,7	0,6
Residualeinkommen[1]	1,1	1,1	1,1	1,0	1,0	0,9	0,9	0,9	0,8
Beitrag zum BIP	6,0	6,2	5,8	5,3	5,1	4,9	5,0	4,8	4,5
Verarbeitendes Gewerbe									
Bruttoeinkommen aus unselbst. Arbeit	14,4	15,1	15,4	15,9	16,0	16,4	16,3	16,2	16,1
Abschreibungen	2,5	2,6	2,7	2,8	2,8	2,8	2,8	2,9	2,8
Indirekte Steuern	6,3	6,6	6,8	6,9	7,0	7,2	7,1	7,1	7,1
Residualeinkommen[1]	8,3	8,7	8,9	9,1	9,1	9,4	9,4	9,3	9,3
Beitrag zum BIP	31,5	33,0	33,8	34,7	34,9	35,8	35,6	35,5	35,3
Baugewerbe									
Bruttoeinkommen aus unselbst. Arbeit	3,3	3,2	3,2	3,6	3,5	3,6	3,5	3,2	3,2
Abschreibungen	0,2	0,2	0,2	0,2	0,2	0,2	0,2	0,2	0,2
Indirekte Steuern	0,5	0,5	0,5	0,5	0,5	0,5	0,5	0,5	0,5
Residualeinkommen[1]	0,8	0,7	0,7	0,8	0,7	0,8	0,8	0,7	0,7
Beitrag zum BIP	4,8	4,6	4,6	5,1	4,9	5,1	5,0	4,6	4,6
Handel									
Bruttoeinkommen aus unselbst. Arbeit	3,9	3,7	3,7	3,6	3,5	3,5	3,6	3,5	3,5
Abschreibungen	0,7	0,7	0,6	0,6	0,6	0,6	0,6	0,6	0,6
Indirekte Steuern	2,9	2,7	2,7	2,6	2,6	2,5	2,6	2,6	2,6
Residualeinkommen[1]	5,1	4,9	4,7	4,7	4,6	4,5	4,6	4,6	4,5
Beitrag zum BIP	12,6	12,0	11,7	11,5	11,3	11,1	11,4	11,3	11,2
Verkehr und Nachrichtenübermittlung									
Bruttoeinkommen aus unselbst. Arbeit	3,8	3,7	3,6	3,3	3,2	3,3	3,3	3,3	3,1
Abschreibungen	1,0	1,0	0,9	0,9	0,9	0,9	0,9	0,8	0,8
Indirekte Steuern	0,3	0,3	0,3	0,3	0,3	0,2	0,3	0,2	0,2
Residualeinkommen[1]	1,5	1,5	1,4	1,3	1,2	1,3	1,3	1,3	1,3
Beitrag zum BIP	6,6	6,5	6,2	5,8	5,6	5,7	5,8	5,6	5,4
Banken und Versicherungen									
Bruttoeinkommen aus unselbst. Arbeit	0,8	0,8	0,8	0,9	0,9	0,8	0,8	0,8	0,8
Abschreibungen	0,1	0,1	0,1	0,1	0,1	0,1	0,1	0,1	0,1
Indirekte Steuern	0,2	0,3	0,2	0,2	0,2	0,2	0,2	0,2	0,2
Residualeinkommen[1]	1,2	1,2	1,3	1,3	1,3	1,2	1,2	1,2	1,2
Beitrag zum BIP	2,3	2,4	2,4	2,5	2,5	2,3	2,3	2,3	2,3

Fortsetzungen nächste Seite

Die Kosten und Kosten je Einheit des Bruttoinlandsproduktes

Tabelle 4

Preisindizes und Kostenentwicklung je Beitragseinheit 1954 = 100

1959	1960	1950	1951	1952	1953	1954	1955	1956	1957	1958	1959	1960
0,9	0,8	97,3	95,2	98,2	99,2	100	106,1	111,6	111,1	104,4	100,1	94,2
0,3	0,3	83,7	84,5	95,4	98,8	100	111,2	123,8	132,0	141,2	154,4	170,3
0,3	0,3	78,9	82.7	99,9	98,3	100	102,8	53,4	22,0	19,7	14,3	15,9
4,0	3,9	84,5	91,6	99,6	99,8	100	107,4	115,2	119,0	120,7	119,3	117,3
5,5	5,3	86,1	91,3	99,1	99,6	100	107,2	111,7	113,1	113,7	112,6	111,2
2,1	2,0	81,8	89,4	94,7	101,2	100	99,2	98,7	108,8	114,3	109,6	105,9
0,7	0,7	88,7	83,9	97,7	101,7	100	93,6	98,4	105,0	114,6	113,7	113,4
0,6	0,6	59,1	66,4	79,7	96,2	100	95,9	83,1	87,8	103,3	112,6	114,4
0,7	0,7	32,1	28,3	43,2	84,6	100	97,7	125,4	112,8	106,2	118,3	128,5
4,1	4,0	70,9	74,2	83,9	97,6	100	97,5	101,3	105,9	111,3	112,3	112,5
15,9	16,2	95,9	104,8	102,2	100,7	100	100,1	106,0	111,2	115,2	113,9	117,1
2,8	2,8	118,3	128,2	124,2	110,3	100	93,6	97,4	101,3	105,4	100,7	100,4
7,0	7,1	90,0	101,7	106,4	103,9	100	99,9	101,3	101,2	99,4	102,5	101,8
9,2	9,3	83,8	103,0	105,0	99,0	100	103,2	99,3	97,6	100,6	107,6	112,6
34,9	35,4	93,4	105,5	105,5	101,7	100	100,4	102,6	104,9	107,4	108,9	111,5
3,2	3,1	88,3	97,2	97,6	97,7	100	103,7	108,5	116,8	120,8	125,0	132,0
0,2	0,2	87,3	98,0	115,2	102,2	100	100,3	123,8	146,3	172,1	165,3	174,6
0,5	0,4	75,8	93,1	103,6	101.0	100	104,3	110,2	117,2	124,5	134,8	144,4
0,7	0,7	108,0	94,9	101,8	102,9	100	117,9	117,3	105,6	110,9	132,9	161,3
4,6	4,4	90,0	96,4	99,6	99,1	100	105,8	110,7	116,2	121,6	128,8	139,5
3,5	3,4	70,0	81,1	88,4	94,5	100	106,8	111,2	112,9	125,8	132,0	138,0
0,6	0,6	105,3	116,6	117,6	109,3	100	94,4	96,5	103,5	112,3	106,5	105,6
2,6	2,5	55,5	75,4	85,9	95,6	100	96,5	96,8	98,3	100,2	107,1	104,9
4,5	4,5	102,7	106,3	129,1	108,7	100	105,7	103,8	114,2	109,4	102,7	103,3
11,2	11,0	81,9	92,0	105,9	101,3	100	103,3	104,1	109,6	112,6	113,1	114,6
3,1	3,0	82,8	91,1	95,1	101,1	100	94,9	96,1	90,1	104,5	103,0	107,7
0,8	0,8	92,1	101,5	110,8	107,9	100	99,9	104,2	111,1	115,0	110,8	113,3
0,2	0,2	127,7	143,2	150,6	120,1	100	104,4	95,3	97,5	162,8	171,6	170,5
1,2	1,2	75,3	74,4	86,8	86,9	100	122,6	118,9	142,5	127,7	143,0	143,9
5,3	5,2	81,6	91,2	98,1	99,8	100	102,3	102,4	105,4	114,0	116,3	119,5
0,8	0,8	76,4	90,8	94,4	94,9	100	104,3	107,5	113,6	121,5	125,8	127,8
0,1	0,1	86,5	101,7	98,5	95,9	100	98,3	108,1	112,2	117,6	118,7	117,2
0,2	0,2	65,1	75,5	86,3	95,1	100	100,8	111,5	129,1	141,4	150,1	152,0
1,2	1,1	90,8	102,0	95,4	95,6	100	109,2	119,2	125,3	129,6	141,5	153,4
2,3	2,2	83,0	95,4	94,3	95,3	100	106,2	114,0	121,1	127,5	136,1	143,1

2

Tabelle 4 (Fortsetzung) **Entwicklung der Preise je Einheit der Güterbereitstellung**

	Gewichtsstruktur in vH								
	1950	1951	1952	1953	1954	1955	1956	1957	1958
Staat									
Bruttoeinkommen aus unselbst. Arbeit	7,3	6,9	6,7	6,3	6,0	5,6	5,3	5,3	5,2
Abschreibungen	0,4	0,4	0,4	0,3	0,3	0,3	0,3	0,3	0,3
Indirekte Steuern	0,1	0,0	0,0	0,0	0,0	0,0	0,0	0,0	0,0
Residualeinkommen	0,2	0,2	0,2	0,2	0,2	0,1	0,2	0,2	0,2
Beitrag zum BIP	8,0	7,5	7,3	6,8	6,5	6,0	5,8	5,8	5,7
Alle übrigen Dienstleistungen									
Bruttoeinkommen aus unselbst. Arbeit	2,9	2,8	2,7	2,7	2,6	2,5	2,5	2,5	2,5
Abschreibungen	1,3	1,3	1,3	1,3	1,2	1,2	1,1	1.1	1,1
Indirekte Steuern	1,0	0,9	0,9	0,9	0,9	0,8	0,8	0,8	0,8
Residualeinkommen[1]	3,2	3,1	3,1	3,1	3,0	2,8	2,8	2,7	2,7
Beitrag zum BIP	8,4	8,1	8,0	8,0	7,7	7,3	7,2	7,1	7,1
Alle Bereiche									
Bruttoeinkommen aus unselbst. Arbeit	41,0	40,9	40,5	40,2	39,4	39,0	38,7	38,1	37,6
Abschreibungen	7,9	7,9	7,7	7,6	7,4	7,4	7,3	7,2	7,1
Indirekte Steuern	12,6	12,8	12,7	12,8	12,7	12,7	12,7	12,5	12,4
Residualeinkommen der Wirtschaft[1]	27,8	28,1	27,5	27,0	26,3	25,6	25,2	24,8	24,7
Residualeinkommen des Staates	0,2	0,2	0,2	0,2	0,2	0,1	0,2	0,2	0,2
Bruttoinlandsprodukt	89,5	89,9	88,6	87,8	86,0	84,8	84,1	82,8	82,0
Einfuhr (Güter und Dienste)	10,5	10,1	11,4	12,2	14,0	15,2	15,9	17,2	18,0
Güterbereitstellung	100	100	100	100	100	100	100	100	100

[1] Entnommene und nichtentnommene Gewinne, Einkommen der mithelfenden Familienangehörigen

hergehenden Fall zugenommen hätte. Dies wäre statistisch dann als „Lohninflation" erschienen, obwohl es möglicherweise besser als Folge einer defensiven, an Stelle einer den Durchbruch nach vorn erzwingenden Investitionspolitik der Unternehmer zu beschreiben wäre.

Klarheit über diese inneren Zusammenhänge, die bemerkenswerterweise fast immer einen beträchtlichen Urteilsspielraum lassen, kann der Blick in das statistische Tableau auf keinen Fall verschaffen. Selbst die Benutzung eines ökonometrischen Modells setzt „wissenschaftliche Vorurteile" im Ansatz voraus. Diese können sodann falsifiziert werden. Modelle, die den Test erfolgreich passiert haben, sind noch immer einer unterschiedlichen Interpretation zugänglich, was die Kausalzusammenhänge der Variablen anbelangt[7].

Das hier vorgelegte Material soll daher nur als Versuch der B e s c h r e i b u n g einer elfjährigen Entwicklung auf dem Gebiet von Preisen und Kosten verstanden werden.

---

[7] Es sei an dieser Stelle noch einmal nachdrücklich auf Stützels Gedanken zur volkswirtschaftlichen Ursachenforschung hingewiesen, a. a. O., S. 116 ff.

und Kosten je Einheit des Bruttoinlandproduktes (Fortsetzung) *Tabelle 4*

		Preisindizes und Kostenentwicklung je Beitragseinheit 1954 = 100									
1959	1960	1950	1951	1952	1953	1954	1955	1956	1957	1958	1959	1960
5,0	4,7	76,2	84,1	92,4	98,0	100	103,7	112,2	116,2	122,2	123,1	129,7
0,3	0,3	81,9	93,5	99,1	100,7	100	103,6	109,3	112,5	117,7	125,7	133,7
0,0	0,0	71,4	82,2	90,9	101,3	100	102,3	111,1	114,6	121,2	126,2	130,8
0,1	0,1	56,3	49,8	58,8	80,8	100	111,1	138,0	145,1	159,5	169,1	203,7
5,4	5,1	76,0	83,8	92,0	97,8	100	103,8	112,6	116,7	122,8	123,7	131,6
2,4	2,2	73,5	81,4	86,2	92,1	100	106,3	109,9	114,5	120,5	126,3	133,3
1,1	1,0	101,0	107,7	108,8	102,6	100	100,9	101,9	104,4	109,9	113,3	121,4
0,8	0,7	85.9	93,9	99,8	99,5	100	99,8	101,9	104,4	106,2	110,1	113,3
2,6	2,5	84,9	84,2	90,5	96,4	100	103,1	112,1	115,0	124,2	127,8	139,9
6,9	6,4	83,7	88,1	93,0	96,3	100	103,5	108,6	111,9	118,5	122,9	131,6
36,8	36,2	85,1	93,9	96,4	98,8	100	101,7	106,6	110,9	116,9	117,3	121,3
6,9	6,8	101,4	108,5	112,3	106,1	100	97,2	101,6	106,8	112,9	111,2	113,5
12,2	12,1	79,1	92,3	100,0	101,2	100	99,4	98,6	99,1	101,2	105,8	105,6
24,2	23,8	86,0	94,0	102,5	99,4	100	105,9	107,7	110,6	111,5	115,3	119,9
0,1	0,1	56,3	49,8	58,8	80,8	100	111,1	138,0	145,1	159,5	169,1	203,1
80,2	79,0	85,9	94,9	100,1	99,9	100	102,2	105,4	108,7	112,6	114,5	117,9
19,8	21,0	98,2	121,3	112,7	101,5	100	102,0	104,0	105,3	100,0	96,9	97,4
100	100	87,2	97,5	101,6	100,1	100	102,2	105,1	108,1	110,3	111,0	113,6

sowie freiwillige Sozialleistungen der Unternehmen.

Folgende Tendenzen, die in Tabelle 4 zum Ausdruck kommen, sind besonders bemerkenswert:

1. Von 1950—1960 ist die Belastung je Einheit des BIP mit Löhnen und Residualeinkommen nahezu gleichstark gestiegen (um 42 vH und 39 vH). Auch von Jahr zu Jahr ist der Gleichschritt auffällig.

2. In den einzelnen Wirtschaftsbereichen ist diese Parallelität nicht wiederzufinden. Die größten Divergenzen zwischen der Entwicklung der Lohn- und Residualeinkommensmeßziffer sind im Handel sowie in der Land- und Forstwirtschaft festzustellen. Im Handel stieg die Lohnmeßziffer um 97 vH bei etwa unverändertem Residualeinkommen je Produktionseinheit. In der Landwirtschaft sanken die Löhne je Produktionseinheit leicht (— 3 vH), bei gleichzeitigem Anstieg der Residualeinkommen je Produktionseinheit um 39 vH.

3. In den Preisveränderungen liegen allein das Verarbeitende Gewerbe sowie — mit einigem Abstand — die Land- und Forstwirtschaft u n t e r

dem durchschnittlichen Preisanstieg, der mit der Steigerung des BIP-Preisindex gegeben ist[8]). Über dem Durchschnitt liegen außer den Dienstleistungsbereichen auch Baugewerbe sowie Bergbau und Energiewirtschaft.

4. Die Lohnmeßziffern sind über die Jahre betrachtet außer beim Verarbeitenden Gewerbe nur bei der Land- und Forstwirtschaft unter durchschnittlich gestiegen. Baugewerbe sowie Bergbau und Energiewirtschaft hingegen finden sich hinsichtlich des Anstiegs der Lohnmeßziffern — wie schon hinsichtlich der Preise — auf der Seite der Dienstleistungsbereiche und weisen gleich diesen eine überdurchschnittliche Steigerung der Löhne je Produktionseinheit auf.

5. In den Residualeinkommen zeigt sich die geringste Steigerung je Produktionseinheit beim Handel. Auch beim Verarbeitenden Gewerbe und bei der Land- und Forstwirtschaft liegt die Zunahme wieder unter dem Durchschnitt. Alle übrigen Wirtschaftsbereiche liegen über dem Durchschnitt, wenn auch in anderer Reihenfolge und in anderem Ausmaß als bei den Preisen und Löhnen. Festzuhalten bleibt, daß die Streuung der Meßziffern des Residualeinkommens in den einzelnen Jahren erheblich größer ist als die Streuung der Lohnmeßziffern; in 1960 von 100 bis 400, bei den Löhnen 97 bis 197 (jeweils 1954 : 100).

6. Unterteilt man das BIP nur nach zwei Bereichen, Verarbeitendes Gewerbe und alle übrigen Bereiche, so steigt der Preisindex des ersten Bereiches von 1950 bis 1960 um knapp 20 vH, der Preisindex des zweiten aber um 50 vH.

Die Preise der Verwendungsseite und ihre Kostenstruktur

Auf der Verwendungsseite handelt es sich im Gegensatz zur Bereitstellungsseite in erster Linie um regelrechte Güterpreise und Güterpreisindizes. Sie sind in der Gesamtrechnung des Statistischen Bundesamtes in fünf Kategorien vorgegeben (vgl. Tab. 2):

    Preisindex des Privaten Verbrauchs,
    Preisindex des Staatsverbrauchs,
    Preisindex der Anlageinvestition,
    Preisindex der Vorratsinvestition,
    Preisindex der Ausfuhr.

---

[8]) Nur um voreilige Schlußfolgerungen gar nicht erst entstehen zu lassen, sei hier darauf hingewiesen: Wenn Verarbeitendes Gewerbe und Land- und Forstwirtschaft in manchen Zahlenergebnissen nebeneinander stehen, so beweist dies nur einmal mehr, daß Statistik eine Kausalanalyse nicht ersetzen kann. Denn sicherlich sind die Gründe dieser ähnlichen äußeren Daten für zwei so unterschiedlich leistungsfähige Bereiche der westdeutschen Wirtschaft wie Verarbeitendes Gewerbe und Landwirtschaft höchst unterschiedlich.

Die Frage, die hier nun zu beantworten war, lautete: Welche Entwicklung der volkswirtschaftlichen Kostenfaktoren steht hinter der Preisentwicklung, die durch die Preisindizes der Verwendungskomponenten wiedergegeben wird? Damit sie beantwortet und die Verbindung zwischen Kosten und Preisen hergestellt werden konnte, mußte ermittelt werden, in welchen Proportionen in den Lieferungen der einzelnen Wirtschaftsbereiche an die Endnachfrage indirekte Beiträge der anderen Wirtschaftsbereiche stecken. Man gelangt damit zur Komposition der Endprodukteinheiten der Verwendungsseite aus den Beiträgen der Wirtschaftsbereiche einschließlich Importen. Damit ist auch die Kostenstruktur dieser Endprodukteinheiten wiedergegeben, d. h. die Zusammensetzung der Einheiten aus Importen, Bruttoeinkommen der Unselbständigen, Abschreibungen, indirekten Steuern und Residualeinkommen.

Es steht somit nichts mehr dem Versuch entgegen, die Preise der Endgüter als — entsprechend den gefundenen Proportionen — gewogene Durchschnitte der Preise der in diese Endgüter eingegangenen Beiträge und Importe darzustellen. Einen Schritt weiter noch geht man, wenn man — da diese Beitragspreise sich wiederum als gewogene Mittel der Kostenmeßziffern verstehen lassen — die Endgüterpreise unmittelbar als gewogene Durchschnitte der Kostenmeßziffern rekonstruiert. Das Ergebnis dieser Berechnungen findet sich in Tabelle 5.

Das Ziel der Operationen ist damit erreicht. Tabelle 5 gibt die Rekonstruktion der Preisindizes auf der Verwendungsseite aus Kostenmeßziffern und Importpreisen wieder.

Die Qualität der in dieser Tabelle vorgelegten Daten hängt in erster Linie von dem Genauigkeitsgrad der zur Inversion benutzten Input-Output-Matrizen ab. Diese Matrizen befinden sich noch im Versuchsstadium. Für eine brauchbare Annäherung an die tatsächliche interindustrielle Leistungsverflechtung spricht immerhin, daß die aus der Inversion hervorgegangene Kostenstruktur die Rekonstruktion der auf der Verwendungsseite vorgegebenen Preisindizes erlaubt hat.

Von den Tendenzen, die in Tabelle 5 festgehalten sind, sollen insbesondere die nachstehenden hervorgehoben werden:

1. Die Preissteigerungen auf der Verwendungsseite waren bei den Vorratsinvestitionen am schwächsten; es folgen, geordnet nach zunehmender Stärke der Preissteigerungen, Privater Verbrauch, Anlageinvestitionen und Staatsverbrauch.

2. Innerhalb der Anlageinvestition ist es der Bau, der mit einem Anteil (real) an dieser Verwendungskomponente von knapp der Hälfte und einer

Tabelle 5   Entwicklung der Preise und Kosten

Verwendung	Gewichtsstruktur in vH								
	1950	1951	1952	1953	1954	1955	1956	1957	1958
Privater Verbrauch									
Bruttoeinkommen aus unselbst. Arbeit	19,1	18,0	17,4	17,8	16,7	16,1	16,2	15,9	16,0
Abschreibungen	4,6	4,4	4,2	4,3	4,0	3,8	3,9	3,8	3,8
Indirekte Steuern	7,3	6,9	6,7	6,9	6,5	6,2	6,3	6,2	6,2
Residualeinkommen der Wirtschaft	17,4	17,1	16,3	16,2	15,1	14,1	14,1	13,8	13,6
Residualeinkommen des Staates	0,0	0,0	0,0	0,0	0,0	0,0	0,0	0,0	0,0
Inländischer Beitrag	48,3	46,4	44,7	45,3	42'4	40,2	40,6	39,7	39,7
Einfuhr	5,7	6,0	6,6	7,3	8,0	8,5	8,6	9,1	9,3
Gesamt	54,0	52,4	51,3	52,6	50,3	48,6	49,2	48,8	49,0
Staatsverbrauch									
Bruttoeinkommen aus unselbst. Arbeit	9,4	9,5	9,3	8,6	8,0	7,4	6,9	6,6	6,4
Abschreibungen	1,1	1,1	1,1	1,0	0,9	0,8	0,8	0,7	0,7
Indirekte Steuern	1,1	1,2	1,3	1,1	1,1	1,0	1,0	0,8	0,8
Residualeinkommen der Wirtschaft	2,2	2,4	2,6	2,2	2,1	1,9	1,8	1,6	1,6
Residualeinkommen des Staates	0,2	0.2	0,2	0,1	0,1	0,1	0,1	0,1	0,1
Inländischer Beitrag	13,9	14,4	14,3	13,0	12,1	11.2	10,5	9,8	9,6
Einfuhr	0,8	0,4	0,4	0,5	0,5	0,4	0,4	0,8	1,4
Gesamt	14,7	14,7	14.7	13,4	12,6	11,6	10,9	10,6	11,0
Anlageinvestition									
Bruttoeinkommen aus unselbst. Arbeit	7,5	7,4	7,0	7,5	7,7	8,0	7,7	7,2	7,3
Abschreibungen	1,1	1,1	1,1	1.1	1,1	1,2	1,1	1,0	1,1
Indirekte Steuern	2,3	2,2	2,1	2,3	2,3	2,5	2,4	2,2	2,3
Residualeinkommen der Wirtschaft	4,2	4,1	3,9	4,2	4,2	4,4	4,1	3,9	3,8
Residualeinkommen des Staates	0,0	0,0	0,0	0,0	0,0	0,0	0,0	0,0	0,0
Inländischer Beitrag	15,1	14,8	14,1	15,1	15,3	16,1	15,3	14,3	14,4
Einfuhr	1,9	1,9	2,1	2,3	2,7	3,1	3,6	3,4	3,6
Gesamt	17,0	16.7	16,2	17,4	18,0	19,2	18,9	17,7	18,0
Vorratsinvestition									
Bruttoeinkommen aus unselbst. Arbeit	0,9	0,9	1,2	0,4	0,6	0,9	0,6	0,7	0,4
Abschreibungen	0,2	0,2	0,2	0,1	0,1	0,2	0,1	0,1	0,1
Indirekte Steuern	0,4	0,4	0,5	0,2	0,3	0,4	0,2	0,3	0,2
Residualeinkommen der Wirtschaft	1,0	0,6	0,9	0,3	0·4	0,7	0,5	0,5	0,3
Residualeinkommen des Staates	0,0	0,0	0,0	0,0	0,0	0,0	0,0	0,0	0,0
Inländischer Beitrag	2,5	2,0	2,7	0,9	1,4	2.1	1,5	1,5	1,0
Einfuhr	0,7	0.5	0,8	0,3	0,5	0,7	0,4	0,6	0,4
Gesamt	3,1	2,5	3,5	1,2	1,9	2,8	1,9	2,1	1,4
Ausfuhr									
Bruttoeinkommen aus unselbst. Arbeit	4,2	5,1	5,4	5,6	6,2	6,5	6,9	7,4	7,1
Abschreibungen	0,9	1,1	1,1	1,2	1,3	1,3	1,4	1,5	1,4
Indirekte Steuern	1,6	2,0	2 1	2,2	2,5	2,6	2,7	2,9	2,8
Residualeinkommen der Wirtchaft	3,0	3,8	3,8	4,1	4,4	4,5	4,6	5,1	5,3
Residualeinkommen des Staates	0,0	0,0	0,0	0,0	0,0	0,0	0,0	0,0	0,0
Inländischer Beitrag	9,7	12,0	12,3	13·1	14,3	14,8	15,6	16,9	16,6
Einfuhr	1,5	1,8	2,0	2,3	2,9	3,0	3,5	3,9	4,0
Gesamt	11,2	13,7	14,3	15,4	17,2	17,8	19,1	20,8	20,6
Güterverwendung, gesamt	100	100	100	100	100	100	100	100	100

[1] Die Preisindizes sind errechnet; daraus erklären sich kleine Abweichungen von den Preisindi-

Preise der Verwendungsseite und ihre Kostenstruktur

je Einheit der Güterverwendung
Tabelle 5

1959	1960	1950	1951	1952	1953	1954	1955	1956	1957	1958	1959	1960
						Preisindizes[1]) und Kostenentwicklung je Verwendungseinheit 1954 = 100						
15,0	14,4	88,0	94,2	95,0	98,3	100	101,5	105,6	109,3	116,4	117,5	120,7
3,5	3,4	104,9	108,5	110,6	105,6	100	97,4	100,9	105,7	112,0	111,5	113,9
5,9	5,7	80,4	91,2	97,7	100,6	100	98,7	97,0	97,5	100,0	104,9	103,9
12,8	12,1	88,7	94,0	101,9	99,5	100	105,4	108,1	112,1	115,2	119·0	123,5
0,0	0,0	58,3	50,0	58,8	82,1	100	111,8	136,4	143,3	159,0	167,5	202,9
37,2	35,6	88,7	95.0	99,4	99,8	100	102,1	104,7	108,1	113,0	115,5	118,4
10,2	10,5	101,2	120,9	111,8	101,4	100	101,7	103,5	104,9	99,8	97,0	97,0
47,4	46,1	90,0	98,0	101,0	100,0	100	102,0	104,5	107,5	110,5	111,5	113,5
6,3	6,1	78,2	87,9	94,3	98,3	100	103,5	110,7	114,7	121,5	122,0	127,8
0,7	0,7	87,8	103,7	108,6	104,3	100	99,7	104,2	108,9	115,5	116,2	120,4
0,9	0,9	78,0	92,8	100,3	101,4	100	100,2	100,2	100,6	104,3	108,6	108,6
1,6	1,6	83,6	91,7	99,8	98,7	100	106,5	108,2	111,9	116,6	122,4	129,7
0,1	0,1	55,7	49,7	59,0	80,9	100	111,7	139,1	145,8	161,4	171,1	206,8
9,6	9,3	79,6	89,8	96,6	98,9	100	103,5	109,2	113,0	119,2	120,9	126,6
1,4	1,4	97,2	119,9	113,2	101,5	100	102,7	104,9	105,8	101,2	98,0	98,9
11,0	10,7	80,5	90,5	97,0	99,0	100	103,5	109,0	112,5	117,0	118,0	123,0
7,3	7,3	84,5	94,8	99,4	99,6	100	102,2	107,7	113,2	118,2	119,6	125,1
1,1	1,1	97,6	106,7	116,2	107,4	100	96,7	104,5	111,9	119,9	116,5	119,1
2,3	2,3	76,0	90,9	102,6	102,3	100	100,6	101,8	102,8	105,2	110,5	112,9
3,8	3,7	83,8	92,7	104,7	100,5	100	107,8	108,8	108,9	112,6	121,6	132,9
0,0	0,0	55,6	50,5	60,0	81,8	100	109,1	138,5	146,2	158,3	169,2	200,0
14,5	14,4	84,0	94,5	102,5	100,8	100	103,1	106,8	110,3	114,8	118,5	124,8
3,9	4,2	93,2	116,6	114,0	102,1	100	102,5	105,1	106,1	100,7	97,6	99,1
18,4	18,6	85,0	97,0	104,0	101,0	100	103,0	106,5	109,5	112,0	114,0	119,0
0,5	0,7	98,2	102,3	100,0	100,8	100	101,2	105,8	108,7	114,3	112,5	114,8
0,1	0,2	106,7	119,0	117,6	109,1	100	95,7	101,5	104,3	110,7	107,4	108,4
0,2	0,3	83,1	98,1	102,6	103,0	100	99,7	97,1	96,6	98,7	102,4	101,8
0,3	0,5	88,0	100,9	105,6	100,8	100	105,6	109,0	107,7	111,0	116,3	115,0
0,0	0,0	57,1	85,7	100,0	100,0	100	100,0	107,7	144,4	157,1	166,7	212,5
1,1	1,7	90,7	102,6	103,8	101,9	100	101,8	105,0	105,9	110,3	111,4	112,0
0,5	0,8	101,7	145,1	113,8	102,5	100	102,5	104,9	104,5	99,2	95,5	96,1
1,6	2,5	93,0	111,0	106,0	102,0	100	102,0	105,0	105,5	107,0	106,5	107,0
7,3	7,3	84,4	98,7	100,0	100,7	100	99,8	104,7	108,6	114,4	112,6	115,8
1,5	1,5	99,0	112,3	116,5	108,4	100	95,2	99,7	104,6	109,9	105,5	106,5
2,9	2,9	77,4	95,4	103,4	103,1	100	99,1	99,0	99,0	100,1	103,5	103,0
5,6	5,7	78,7	95,1	103,2	99,4	100	105,1	105,2	107,3	99,5	98,8	100,7
0,0	0,0	50,0	50,0	55,6	77,8	100	116,7	128,6	150,0	166,7	157,1	200,0
17,2	17,3	82,8	98,2	103,0	101,4	100	100,9	103,4	106,2	106,9	106,0	107,9
4,4	4,8	92,0	119,9	113,6	102,1	100	101,6	103,9	105,1	99,9	96,7	96,7
21,6	22,1	84,0	101,0	104,5	101,5	100	101,0	103,5	106,0	105,5	104,0	105,5
100	100	87,2	97,5	101,6	100,1	100	102,2	105,1	108,1	110,3	111,0	113,6

zes in Tabelle 2.

Preissteigerung um 50 vH die starke Indexsteigerung bedingt hat. Der Preisverlauf bei den Ausrüstungsinvestitionen ist nur wenig steiler als beim Privaten Verbrauch.

3. Beim Staatsverbrauch ist es der hohe Gehalt an Dienstleistungen (der Öffentliche Dienst allein macht rund 50 vH dieser Komponente aus), der die Preiserhöhungen bewirkt hat. Lassen doch gerade im Bereich der Dienstleistungen teils die Produktivitätssteigerungen, teils die Möglichkeiten ihrer Messung besonders zu wünschen übrig.

4. Während auf der Bereitstellungsseite die Preisindizes der Beiträge im Jahr 1960 Veränderungen gegenüber 1950 aufweisen, die zwischen knapp — 1 vH (Einfuhr) und + 73 vH (Banken und Versicherungen) liegen, ist die Streuung auf der Verwendungsseite viel geringer. Die Preissteigerungen in elf Jahren liegen dort zwischen + 15 vH (Vorratsinvestition) und + 53 vH (Staatsverbrauch). Darin drückt sich aus, daß die einzelnen Preisindizes der Verwendungsseite gewogene Durchschnitte der Preisindizes der Entstehungsseite, wenn auch mit verschiedener Gewichtsstruktur, sind: In j e d e Verwendungskomponente gehen Leistungsströme aus j e d e m Entstehungssektor ein, wenn auch in unterschiedlichen Anteilen. Das verringert die Streuung.

5. Aus demselben Grund streuen auch die Kostenmeßziffern zwischen den verschiedenen Verwendungsrichtungen in einem gegebenen Jahr weniger als die Kostenmeßziffern zwischen den verschiedenen Wirtschaftsbereichen.

Bemerkungen zur Indexproblematik

Paasche-Indizes versus *Laspeyres*-Indizes

Eine Messung der Preisbewegung setzt klare Definitionen und Begriffe der hierbei angewandten Maßstäbe voraus. Anders stiften die Meßergebnisse nur Verwirrung.

Da hier der gesamte Kosmos der Endgüterpreise der westdeutschen Wirtschaft der volkswirtschaftlichen Kostenentwicklung gegenübergestellt werden sollte, mußte die Gesamtzahl der einzelnen Güterpreise in einer übersehbaren Anzahl von Preisindizes zusammengefaßt werden. Im Rahmen der Volkswirtschaftlichen Gesamtrechnung liegen — wie gezeigt — solche Preisindizes jeweils für die einzelnen Verwendungskomponenten (Privater Verbrauch, Staatsverbrauch, Anlageinvestitionen, Vorratsinvestitionen und Ausfuhr) vor. Sie sind mit den Werten der Verwendungsgrößen in laufenden und konstanten Preisen implizit gegeben. Lautet nämlich der Wert einer Komponente (z. B. des Privaten Verbrauchs) in einem Jahr t zu jeweiligen Preisen $\sum_{i=1}^{n} p_i^t q_i^t$, wobei die Komponente somit aus n Waren und Dienstleistungen mit den Preisen p_i und den Mengen q_i besteht, so ist ihr Wert in Preisen eines Basisjahres 0 $\sum_{i=1}^{n} p_i^o q_i^t$. Da ein Preisindex ausdrückt, wieviel Prozent ein gegebenes Güterbündel in laufenden Preisen mehr oder weniger kostet als in Preisen eines Basisjahres, ist $\dfrac{\sum_{i=1}^{n} p_i^t q_i^t}{\sum_{i=1}^{n} p_i^o q_i^t}$ der Preisindex Π_t. Wie aus diesem Ausdruck hervorgeht, ist die Gewichtsstruktur die des laufenden Jahres t. Preisindizes nach dieser Formel, sogenannte *Paasche*-Preisindizes, beantworten also die Frage, was ein Güterbündel in der Zusammensetzung und zu den Preisen des Beobachtungsjahres im Verhältnis zu dem kostet, was dasselbe Güterbündel zu Preisen des Basisjahres gekostet hätte.

Preisindizes dieser Form stehen indextheoretisch Preisindizes nach der Formel von *Laspeyres* gegenüber: $\Lambda_t = \dfrac{\sum_{i=1}^{n} p_i^t q_i^o}{\sum_{i=1}^{n} p_i^o q_i^o}$. Diese drücken aus, wieviel ein historischer Warenkorb des Jahres 0, bewertet zu laufenden Preisen, im Verhältnis zu seinem Preis im Jahre 0 kostet. Beide Indexformen gehen demnach von einem irrealen Fall aus, indem sie einen tatsächlichen Preis (den heutigen Preis für den heutigen Warenkorb oder den Preis des Basisjahres für den Warenkorb des Basisjahres) einem fiktiven Preis (dem Preis des Basisjahres für den heutigen Warenkorb oder dem heutigen Preis für den Warenkorb des Basisjahres) gegenüberstellen. So breit das Anwendungsgebiet von *Laspeyres*-Preisindizes in der amtlichen Preisstatistik ist — z. B. Preisindex für die Lebenshaltung, Einkaufs- und Erzeugerpreisindizes usw. —, in der Volkswirtschaftlichen Gesamtrechnung haben diese Preisindizes keinen Platz. Dies liegt darin begründet, daß Indizes, die der Bereinigung von Ausgabengrößen mit jährlich variierender Struktur dienen, in ihrer Gewichtung diesen Strukturverschiebungen gleichfalls folgen müssen. Würde diese Forderung nicht beachtet und würden basisgewogene Preisindizes verwendet, so würde der Ausgabenstrom nicht in seiner jeweils gegebenen Struktur, sondern mit starren Gewichten preisbereinigt. Die Folge wäre, daß die Preisbereinigung der Nominalwerte — abgesehen von dem Spezialfall $\Lambda = \Pi$ — bald überhöhte, bald zu niedrige Volumen ergäbe, abhängig davon, ob $\Lambda < \Pi$ oder $\Lambda > \Pi$ gilt.

Welches Verhältnis zwischen Λ und Π in einem bestimmten Fall vorliegt, ist Tatfrage. Nicht richtig ist dagegen die verbreitete Ansicht, daß Λ größer als Π sein m ü s s e[9]). Ihr liegt die richtige Überlegung zugrunde, daß im Normalfall nicht-inferiorer Güter, d. h. bei negativer Korrelation zwischen $\dfrac{p_i^t}{p_i^o}$ und $\dfrac{q_i^t}{q_i^o}$, $p_i^o q_i^t$ dann größer als $p_i^o q_i^o$ ist, wenn p_i^t kleiner als p_i^o ist; und daß $p_i^o q_i^t$ dann kleiner als $p_i^o q_i^o$ ist, wenn $p_i^t > p_i^o$ ist. Die logischen Konsequenzen einer solchen negativen Korrelation zwischen Preis- und Mengenänderung können leicht eingesehen werden, wenn man Π und Λ in der Form schreibt:

$$\Pi = \frac{\sum_{i=1}^{n} \dfrac{p_i^t}{p_i^o} p_i^o q_i^t}{\sum_{i=1}^{n} p_i^o q_i^t}$$

$$\Lambda = \frac{\sum_{i=1}^{n} \dfrac{p_i^t}{p_i^o} p_i^o q_i^o}{\sum_{i=1}^{n} p_i^o q_i^o}$$

Es zeigt sich dann nämlich, daß für diejenigen i, deren $\dfrac{p_i^t}{p_i^o} < 1$ ist (d. h. deren Preise gesunken sind) das Gewicht in *Laspeyres*' Formel — ($p_i^o q_i^o$) — k l e i n e r als in *Paasches* Formel —($p_i^o q_i^t$) — ist. Für die i dagegen, deren $\dfrac{p_i^t}{p_i^o} > 1$, d. h. deren Preis gestiegen ist, ist umgekehrt das Gewicht in *Laspeyres*' g r ö ß e r als in *Paasches* Formel. Folglich sind in Π die Preissenkungen, in Λ die Preiserhöhungen stärker gewichtet. Dadurch erhält Π einen systematischen „bias" nach unten, Λ einen „bias" nach oben im Vergleich zu einem „idealen" Preisindex. Es gilt soweit tatsächlich, daß Λ größer als Π sein muß.

Dieser Schluß steht und fällt indessen mit der Annahme negativer Korrelation zwischen Preis- und Mengenänderungen. Diese Richtung der Korrelation kann aber nur im Rahmen eines reinen Substitutionsmodells ohne weiteres als normal angesehen werden, d. h. bei Änderung der relativen Preise und bei gegebenen Einkommen. Daher ist das Größenverhältnis zwischen Λ und Π nicht mehr a priori deduzierbar, wenn man zur Betrachtung einer zwischen den Zeitpunkten 0 und t wachsenden Wirtschaft (= wachsende Einkommen) übergeht. Außer der Preiselastizität kommen dann Einkommens-

---

[9]) Diese Ansicht kommt zum Beispiel bei Haberler zum Ausdruck (Der Sinn der Indexzahlen, Tübingen 1927, S. 93 ff.) und bei Albert Rees (Real Wages in Manufacturing, 1890—1914. A Study by the National Bureau of Economic Research, Princeton 1961, S. 116).

elastizitäten, Geschmacksänderungen und andere Faktoren ins Spiel, die eine positive Korrelation zwischen Preis- und Mengenänderungen grundsätzlich genau so möglich erscheinen lassen wie eine negative[10]). Positive Korrelation bedeutet aber, daß $P_i^o q_i^t$ größer als $P_i^o q_i^o$ ist, wenn P_i^t größer als P_i^o ist; und daß $P_i^o q_i^t$ kleiner als $P_i^o q_i^o$ ist, wenn P_i^t kleiner als P_i^o ist. Damit erhalten, gerade umgekehrt wie im Fall negativer Korrelation, in *Laspeyres'* Formel die Preissteigerungen ein kleineres und die Preissenkungen ein größeres Gewicht als bei *Paasche*. Demnach gilt bei positiver Korrelation zwischen Mengen und Preisen $\Pi > \Lambda$. Es ist somit nicht möglich, das Verhältnis zwischen Λ und Π a priori zu kennen. Vielmehr ist eine Antwort auf diese Frage erst aus entsprechenden Indexberechnungen zu gewinnen. Die in dieser Arbeit verwendeten Preisindizes des *Paasche*-Typs dürfen somit nicht mit der Vorstellung assoziiert werden, daß sie in jedem Fall eine geringere Preissteigerung als *Laspeyres*-Preisindizes anzeigen.

Auch der Einwand, daß *Paasche*-Preisindizes überhaupt keine richtigen Preisindizes seien, ist nicht angebracht. Dieser Einwand richtet sich gegen das von Jahr zu Jahr unterschiedliche Wägungsschema des Index, das bewirkt, daß Änderungen des Index von Jahr zu Jahr nicht nur reine Preis-, sondern auch Gewichtsänderungen widerspiegeln. Gerade daher dürfte jedoch der Index die aktuellere Antwort auf die Frage erteilen, wie sich das mit einer Währungseinheit zu erwerbende Gütervolumen im Vergleich zu einem Basisjahr entwickelt hat[11]).

Qualitätsänderungen und neue Produkte

Wurde bislang einfach unterstellt, daß die den Preisindizes zugrunde liegenden Güter in den Perioden 0 und t dieselben sind, so ist die Fragestellung nun zu erweitern. Denn die Annahme im Zeitablauf gleichbleibender Güter steht im Widerspruch zur Wirklichkeit. Tatsächlich ändert sich vielmehr die gütermäßige Zusammensetzung der Verwendungskomponenten, nicht nur auf Grund von Gewichtsverschiebungen zwischen den einzelnen, selbst un-

---

[10]) So hält auch J. E. Maher in einer Besprechung des zuletzt genannten Buches A. Rees entgegen: „... As a statement of fact about weight bias, this may be accurate, that is weights and price relatives may generally be negatively correlated. But, of course, there is no logical necessity about it. And, indeed, one might argue oppositely that prices will rise more for those things more demanded by consumers." Kyklos Vol. XV 1962, S. 680.

[11]) Piatier bemerkt zum Paasche-Index: „Le calcul est plus compliqué puisque la pondération change à chaque calcul de l'indice. De plus, les éléments ‚actuels' pour réaliser cette pondération ne sont souvent connus qu'avec retard, ce qui enlève à cette formule, **pourtant plus représentative des situation à comparer**, une partie de son interêt."
André Piatier, Statistique et observation économique. Paris 1961, Tome I p. 249 (im Original nicht hervorgehoben).

veränderten Gütern, sondern vor allem durch das Hinzutreten von Qualitätsänderungen und neuen Produkten. Was bedeutet dies für die Aussagekraft der Preisindizes?

Ihr Ziel anzugeben, wie sich die Preise für genau die gleichen Waren entwickeln, stellt sich unter diesen Bedingungen als unerreichbar heraus. Man bedient sich daher einfacher Konventionen. Danach bleiben gewisse laufende Qualitätsänderungen kleineren Ausmaßes selbst dann unberücksichtigt, wenn sie von Preisänderungen begleitet sind[12]. Es kann als sicher angesehen werden, daß bei dieser Praxis in den ausgewiesenen Preisreihen eine gewisse Preiserhöhung erscheint, die nur auf Qualitätsverbesserungen zurückzuführen ist; ebenso wie statistisch unveränderte Preise in diesen Fällen eine leichte Rückläufigkeit bedeuten. Das Statistische Bundesamt sieht dieses Problem, ohne es in der praktischen Arbeit für besonders wichtig zu halten[13]. Immerhin wird man bemerken müssen, daß der mit dieser Konvention verbundene Meßfehler so lange in seiner Größe unbekannt bleiben muß, wie man nicht versucht hat, ihn zu messen.

Bleibt bei spärlichem Untersuchungsmaterial schon hier die Einschätzung des Fehlers weitgehend dem Temperament des einzelnen überlassen, so wiegt diese Frage doch eigentlich erst bei bedeutenden Qualitätsänderungen schwerer. Die hier angewendeten Methoden unterliegen weitaus stärker der Gefahr, nennenswerte Meßfehler zuzulassen. Zwar werden Qualitätsänderungen dieser Art, die meist als Typen- oder Sortenwechsel auftreten und in der Regel mit Preisänderungen verbunden sind, nach Meinung des Bundesamtes wohl durchweg erkannt. Aber auch wenn man sich dieser Meinung anzuschließen bereit ist, erübrigt sich doch nicht der Zweifel, ob mit Anwendung der „international gebräuchlichen Kettenmethode" diesen Qualitätsänderungen zu genügen ist. Gerade durch einen Blick in die ausländische Literatur kann dieser Zweifel nur noch bestärkt werden[14].

Die Kettenmethode hilft sich so: Fällt eine Ware in der bisher beobachteten Qualität dauernd aus, so wird der Preis des Produktes herangezogen, das dieser bisher beobachteten Ware qualitativ am nächsten steht. Es ist sodann das Preisverhältnis für die beiden Waren in einer Übergangsperiode, in der beide Qualitäten gleichzeitig im Markt waren, festzuhalten. So wird es möglich, im Meßziffernverfahren mit dem Preis der neuen Qualität an den schon erreichten Stand des ausscheidenden Produktes anzuknüpfen. Kostet

---

[12] Vgl. hierzu: Zur Praxis des zeitlichen Vergleichs bei der Ermittlung von Preisreihen. Wista 1961, S. 622 ff.
[13] Wista 1961, S. 623.
[14] Z. B. Richard Stone, Quantity and Price Indexes in National Accounts, Paris 1956, S. 47 ff. Irma Adelman & Zvi Griliches, On an Index of Quality Change. Journ. of the American Statistical Association, Sept. 1961, S. 535 ff. Edw. F. Denison, The Sources of Economic Growth in the United States and the Alternatives before us. Paper of the Committee for Economic Development, New York 1962, insbesondere S. 156 f. Die Liste könnte zu einer riesigen Bibliographie erweitert werden.

zum Beispiel in einer Übergangsperiode die alte Ware A 24 DM, was einer Preismeßziffer von 168 entsprechen soll, das neue Produkt B 28 DM, so wird in der nächsten Periode, in der zum ersten Mal B in die Indexberechnung einbezogen wird (mit dem Preis von 28 DM), die Preismeßziffer mit 168 unverändert fortgeführt. (Wäre der Preis von B in dieser Periode auf 29 DM gestiegen, so würde B nun mit der Preismeßziffer 174 in die Berechnung einbezogen werden.) Es wird mithin unterstellt, daß der Qualitätsunterschied zwischen A und B genau proportional dem Preisunterschied ist, obwohl das Verschwinden von A gegen die Annahme spricht, daß die beiden Preise unter Berücksichtigung des Qualitätsunterschiedes der Produkte im Gleichgewicht sind. Allenfalls ließe sich das Vordringen von B gegen A anstatt mittels des überlegenen Qualität/Preis-Verhältnisses von B durch Hinweis auf Mode- und Geschmacksrichtungen erklären. Damit wäre die Überlegenheit von B auf das menschliche Streben nach Abwechslung, nicht auf das nach Verbesserung zurückgeführt, und eine Berücksichtigung im Preisindex würde sich erübrigen. Die „echte" Preisentwicklung bei dem Ersatz eines Produktes durch ein anderes geht bei dem angewandten Verfahren allenfalls mit $\pm$ 0, niemals jedoch als rückläufig in den Preisindex ein. Freilich steht dem gegenüber, daß die Preissteigerung auch in solchen Fällen auf Qualitätsverbesserung zurückgeführt und daher durch die Kettenmethode neutralisiert wird, in denen mit dem Produktwechsel eine wirkliche Qualitätsverbesserung gar nicht einhergeht. Wird man indessen ernsthaft davon ausgehen können, daß sich Fälle, in denen Qualitätsverbesserungen hinter dem Preisanstieg zurückbleiben, und solche, in denen sie über den Preisanstieg hinausgehen, auch nur annähernd kompensieren (und zwar innerhalb jedes zu einem Preisindex zusammengefaßten Güterbündels) und damit der „upward bias" verschwindet[15])?

Gibt es keine Übergangsperiode, sondern lösen sich die Produkte unvermittelt ab, so wird der Ausweg darin gesucht, daß der im Vormonat erreichte Stand der Preismeßziffer (d. h. 24 DM = 168) für den Beobachtungsmonat übernommen wird (also 28 DM = 168 oder 29 DM = 168). Bei der allgemeinen Tendenz des technischen Fortschritts spiegeln die nach diesen

---

[15]) Beachtung verdienen immerhin die Ergebnisse einer Qualitätsbereinigung des amerikanischen Automobilpreisindex durch Irma Adelman und Zvi Griliches. Die Autoren kommen auf Grund der Quantifizierung von Qualitätsänderungen mittels multipler Korrelation zu der Feststellung, daß der besagte Preisindex qualitätsbereinigt zwischen 1950 und 1960 nur um 11,8 vH statt der amtlichen errechneten 32,3 vH gestiegen sein dürfte. Allein diese Korrektur vermindert den Anstieg des Consumer Price Index, in dem Automobile ein Gewicht von 3,7 vH haben zwischen 1947/49 und 1960 um 3,4 vH. Gewichtet man die Qualitätsänderungen nicht nach ihrer Einschätzung durch die Konsumenten im Jahr 1960, sondern im Jahr 1950, fällt der Anstieg des CPI für dieselbe Periode sogar um annähernd 9 vH geringer aus. „The attention that has been paid by policy makers to this imperfect measure of price change (the CPI) has perhaps been too close and may have led them into error. If, as we believe, there may not have been any real new inflation, then the restrictive monetary policy that was provoked by the apparent changes in the price indexes was really unnecessary." (I. Adelman und Z. Griliches, a. a. O., S. 545.)

Methoden konstruierten Preisindizes auch bei gebührender Berücksichtigung gewisser Fälle von Qualitätsverschlechterung oder nur modisch bedingter Produktvariation ganz gewiß etwas als Preiserhöhung wider, das auf echte Qualitätsverbesserung zurückzuführen ist. Dieser Mangel haftet sowohl den *Laspeyres-* als auch den *Paasche*-Preisindizes an, da er bereits in die Meßziffern, die kleinsten Bausteine der Preisindizes, eingeht und daher dem Grunde, wenn auch nicht dem Ausmaß nach unabhängig von Gewichtsänderungen bestehen bleibt. Beide Preisindizes versagen somit gegenüber dem Problem veränderter Qualitäten und neuer Produkte weitgehend. Allerdings muß an dieser Stelle auch erwähnt werden, daß sie zur Lösung dieser Aufgabe nie konzipiert worden sind. Vielmehr sind die konventionellen Methoden der Kompilation von Preisindizes an den Vorstellungen der statischen Konkurrenzpreistheorie ausgerichtet, für die eine börsenmäßig organisierte Preisbildung von Rohstoffen und anderen langfristig unveränderten Gütern das Anschauungsmaterial lieferte. Von der Relativierung des Preises als Absatzparameter und der Dynamik der Produktvariationen, wie sie in der Theorie der monopolistischen Konkurrenz in den Mittelpunkt rücken, sind diese statischen Methoden jedenfalls nicht beeinflußt worden.

Der Vorschlag der amtlichen Statistik, wegen der mit zunehmender Länge der Preislinien abnehmenden Zuverlässigkeit die Preisindizes in nicht zu langen Abständen beim *Paasche*-Typ auf gängige Produkte und Qualitäten, beim *Laspeyres*-Typ darüber hinaus auch auf neue Gewichte umzustellen, schafft nur bedingt Abhilfe. Zumindest in manchen Güterkategorien (z. B. technische Güter) dürfte sich die Qualitätskomponente schon über kürzere Zeiträume, vielfach sogar von Jahr zu Jahr, nennenswert bemerkbar machen[16]).

Werden die Preisindizes tendenziell zu hoch errechnet, so wird auf der anderen Seite die Volumenentwicklung überall dort unterschätzt, wo sie durch Deflation von Nominalwerten ermittelt wird. In diesem Zusammenhang gelangt z. B. *Denison* zu der Ansicht, daß die Volumenindizes zwar ungefähr angeben, welches Volumen an Gütern der im Basisjahr vorhandenen Art mit den im Beobachtungsjahr benutzten Produktionsverfahren und Ressourcen in eben diesem Beobachtungsjahr hätten hergestellt werden können, damit aber weit davon entfernt sind, die tatsächliche Bewegung des materiellen Lebensstandards wiederzugeben[17]). Ein zu großer Teil der Produktion des Beobachtungsjahres besteht nicht aus Gütern der im Basisjahr produzierten

---

[16]) Z. B. erwähnt Gardiner Means eine Untersuchung amerikanischer Ingenieure, die der Konstruktion eines Qualitätsindex für landwirtschaftliche Geräte für das Jahr 1932 auf der Basis der Jahre 1910/14 diente und diesen auf 167 veranschlagte. Bei kontinuierlichem Trend entspricht dieser Stand einem Jahressatz von 2,5 vH Qualitätsverbesserung. Allerdings standen Means über die angewandten Methoden der Quantifizierung keine Angaben zur Verfügung. Gard. C. Means, Notes on inflexible Prices. The Am. Econ. Rev., März 1936, S. 31 f.
[17]) Edw. F. Denison, a. a. O., S. 156 f.

Art, sondern aus überlegenen Varianten und Substituten. Daß hierdurch ein größerer Fehler in die Beobachtung gelangt, als er im Rahmen üblicher statistischer Fehlergrenzen toleriert werden kann, scheint auch *Jaszi* ausdrücken zu wollen, wenn er in bezug auf Produktverbesserungen schreibt: „Introspection shows that this is a good deal to miss[18]." Die Überlegenheit der neuen Güter zu neuen Preisen im Zeitpunkt des Übergangs, d. h. der Verkettung, besteht offensichtlich doch gerade darin, daß ihr Mehrpreis hinter dem Mehr an „Qualität" zurückbleibt. Anders wäre es kaum zu erklären, daß die Käufer das neue Produkt dem alten vorziehen. Gerade die Grundannahme der Kettenmethode — Proportionalität von Preis- und Qualitätsdifferenz — erweist sich damit als unhaltbar[19]).

Preisindizes und stabiler Geldwert

Ein weites Feld der Kritik erschließt sich, wenn man den Gebrauch von Preisindizes in der „Geldwert"-Diskussion betrachtet. In ihr spielt der reziproke Preisindex die Rolle eines Indikators für den Geldwert. Die Bau(spar)-Mark „entwertet" sich entsprechend dem Anstieg des Preisindex für den Wohnungsbau, die Verbraucher- und Kontensparer-Mark mit der Erhöhung des Preisindex für die Lebenshaltung. Ist ein Preisindex von 100 auf 120 gestiegen, so ist danach der „Geldwert" von 100 auf 83 gesunken.

Problematischer als die einer solchen Betrachtung als Norm vorschwebende Konstanz von Teilpreisniveaus ist die ihr offensichtlich zugrunde liegende Annahme eines unmittelbaren reziproken Verhältnisses zwischen der Preisänderung eines Güterbündels und dem Wertunterschied zwischen den zu den beiden Zeitpunkten für eine Geldeinheit erhältlichen Mengen dieses Güterbündels. Die stillschweigend vorausgesetzte ceteris-paribus-Bedingung eines solchen Vergleiches zwischen dem Geldwert zu zwei verschiedenen Zeitpunkten ist in der Wirklichkeit nie erfüllt, da sich im Zeitablauf nicht nur die Preise, sondern auch die den Gütern entgegengebrachten Wertschätzungen ändern. Da bei der Kompilation von Preisindizes diese Dimension des subjektiven Wertes nicht berücksichtigt wird, eignen sich Preisindizes nicht als Maßstab des Wertes oder Nutzens einer Geldeinheit. Sie sind lediglich Hilfsgrößen zur Gewinnung von Volumenindices. Ein „Geldwertindex" als reziproker Preisindex ist deshalb nur eine Meßziffer des für eine Geldeinheit zu erwerbenden Gütervolumens und seiner Entwicklung. Einen Wert mißt dieser Index nicht.

---

[18]) George Jaszi, An improved Way of measuring Quality Change. The Rev. of Econ. & Statistics, August 1962, S. 332 f.

[19]) Eine weitere Verfälschung von Preisindizes ergibt sich daraus, daß bei den Preisbeobachtungen Kundenrabatte, Sonderangebots- oder Ausverkaufspreise nicht berücksichtigt werden; auch die richtige Wägung der verschiedenen Absatzwege zum Konsumenten ist wichtig (z. B. Discountprinzip vs. Fachhandel). Das kann im Preisvergleich über Perioden, in denen diese Faktoren sich stark ändern, ebenfalls von Bedeutung sein.

Soll ein Wirtschaftssubjekt in einer Periode t dasselbe Nutzenniveau erreichen, auf das es in einer früheren Periode 0 mit der Ausgabensumme E^0 gelangt war, obwohl sich in der Zwischenzeit alle Preise beliebig geändert haben, so kann theoretisch festgestellt werden, welcher Betrag E^t hierfür erforderlich ist. Voraussetzung ist die Kenntnis des Präferenzsystems[20]) eines Wirtschaftssubjektes in t, seiner Käufe in der Periode 0 und der Preise in der Periode t. Die kleinste Summe, die das Wirtschaftssubjekt instandsetzt, das Nutzenniveau der Periode 0 trotz der inzwischen veränderten Preise auch in der Periode t beizubehalten, ist der gesuchte Betrag E^t. Seine Division durch E^0 ergibt einen Preisindex im wohlfahrtstheoretischen Sinn: Wird das alte Einkommen E^0 angesichts der Änderung der Preise und des Präferenzsystems in t gegenüber 0 im Verhältnis dieses Preisindex auf- oder abgewertet, so bleibt das Wirtschaftssubjekt in seiner Bedürfnisbefriedigung so gestellt, wie es in Periode 0 gestellt war. Allein dieser Preisindex wäre für die Geldwertmessung adäquat; und allein die Division des tatsächlichen Einkommens in Periode t durch diesen wohlfahrtstheoretisch konstruierten Preisindex $\dfrac{E^t}{E^0}$ würde eine Aussage erlauben, ob und um wieviel das Wirtschaftssubjekt in t besser oder schlechter gestellt ist als in Periode 0. Auch wenn es die zeitliche Verteilung seiner Konsumausgaben, also die intertemporale Substitution mit Hilfe von Verschuldung, Sparen und Entsparen plant, muß das Wirtschaftssubjekt **neben den Preisänderungen** jeweils die erwarteten Änderungen seines Präferenzsystems in den Kalkül einbeziehen. Es orientiert sich somit bei den ihm unterstellten Bemühungen um den sogenannten zeitlichen Ausgleich des Grenznutzens seiner Ausgaben nicht an der „Geldwert"-Entwicklung, wie sie mittels eines statistischen Preisindex wiedergegeben würde, sondern es gelangt zu seiner subjektiven Einschätzung des gegenwärtigen und zukünftigen Geldwertes, der eine Nutzengröße ist, mit Hilfe wohlfahrtstheoretischer Preisindizes.

An einem einfachen Beispiel erläutert, bedeutet dies etwa, daß sich der zeitliche Transfer der letzten Einkommenseinheit aus der Gegenwart in die Zukunft durch Sparen auch dann lohnt, wenn nach den augenblicklichen Erwartungen eine gesparte Einheit in fünf Jahren nur noch 83 vH ihrer statistischen Kaufkraft besitzt (statistischer Preisindex 120 bei einer gegenwärtigen Basis von 100), die Nutzenintensität einer zusätzlichen künftigen Ausgabeneinheit unveränderter Kaufkraft heute aber mit 140 veranschlagt wird, im Vergleich zu einer Intensität von 100, welche derselbe Betrag, heute verbraucht, verschaffen würde. Auf der Nutzenskala erhält nämlich die auf der Basis heutiger Preise nur 83 Pfennigen entsprechende Mark, die man in fünf Jahren (ohne Berücksichtigung von Zinsen) — statt der hundert Pfennige

---

[20]) D. h. die Kenntnis der Grenzraten der Substitution zwischen den für das Wirtschaftssubjekt relevanten Gütern im relevanten Bereich.

heute — ausgeben kann, eine Meßziffer von 116 gegenüber einer Meßziffer von nur 100 für eine heute ausgegebene Mark. So trivial ist die Erklärung dafür, daß trotz statistischer „Geldentwertung" gespart wird, sehr wahrscheinlich sogar ohne Zins gespart werden würde. Daß wohlfahrtstheoretisch Preisindizes wegen Fehlens der hierzu notwendigen Informationen über Präferenzsysteme und ihre Änderungen, ja selbst über Preise und Mengen empirisch nicht ohne weiteres konstruiert werden können, ändert nichts daran, daß der beschriebene Unterschied zwischen den üblichen Preisindizes und den für die Wahlhandlungen der Wirtschaftssubjekte maßgeblichen besteht, in der „Geldwert"-Diskussion aber nicht beachtet wird.

Die statistischen Preisindizes sind objektive Größen, mit denen die subjektiven Werte der Wahlhandlungstheorie nicht einmal näherungsweise wiedergegeben werden können.

So dringend sich diesen Sachverhalt die vor Augen führen sollten, die fortgesetzt von den Gefahren eines kontinuierlichen langsamen Anstiegs des statistischen Preisniveaus für die individuelle Sparneigung sprechen, so ungerechtfertigt wäre es andererseits zu leugnen, daß es wohl eine kritische Rate dieses Anstiegs gibt, von der an dieser Faktor, der normalerweise in den subjektiven Entscheidungskalkülen nur ein Bestimmungsgrund unter vielen ist, dominierenden Einfluß erlangen und tatsächlich auf die Sparneigung durchschlagen würde[21]). Indessen gibt es kaum jüngere Erfahrungen entwickelter Volkswirtschaften, die Beispiele für das Erreichen dieses kritischen Punktes liefern könnten. Die bei anhaltenden Preissteigerungen im Wohnungsbau von jährlich 6 vH und mehr ungebrochene Welle des Bausparens in Westdeutschland darf allerdings nicht zu einer übertrieben optimistischen Beurteilung dieser Zusammenhänge verleiten, sondern muß auch vor dem Hintergrund steuerlicher Förderung und anderer Vorteile dieser Sparform gesehen werden.

Gerade weil die Wahlhandlungstheorie nur besagt, daß, wofür auch immer Wirtschaftssubjekte sich entschieden haben, sie ihre Gründe dafür gehabt haben müssen, verträgt sich ihr Formalismus mit j e d e r empirisch zu beobachtenden Wahlhandlung. Sie läßt angesichts hoher Sparneigung „trotz" steigenden Preisniveaus die Erklärung zu, daß der negative Einfluß steigender Preise auf das Sparen durch andere Faktoren (z. B. durch Unsicherheit und den Versuch, mittels Geldvermögen sich gegen Wechselfälle zu schützen; durch mangelnde Teilbarkeit größerer Anschaffungen bei geringer Verschuldungsbereitschaft oder -möglichkeit; durch Höherschätzung künftiger Bedürfnisse von einem bestimmten Punkt der Deckung gegenwärtiger Bedürfnisse an) offensichtlich überkompensiert wird. Aber auch eine weitergehende Behauptung kann angesichts des geringen Wissens über die Bestimmungsgründe individueller Sparneigung nicht sofort widerlegt werden: daß nämlich ein inner-

---

[21]) Vgl. das schon angeführte Haberler-Zitat, S. 5.

halb gewisser Grenzen bleibender Preisanstieg bei bestimmten Sparmotiven (Zwecksparen) die Sparneigung sogar hebt, während ober- und unterhalb dieser Grenze die Sparneigung geringer ist. Wie davon die gesamte private Ersparnis beeinflußt würde, hinge dann von dem Gewicht dieser Sparmotive ab[22]).

---

[22]) Der Verfasser einer neueren Untersuchung über Preise und privates Sparen kommt an Hand schwedischen Materials zu dem Schluß, daß in Schweden bei einem jährlichen Anstieg des Verbraucherpreisindex um 3 vH die durchschnittliche Ersparnis der privaten Haushalte um 9 vH niedriger als bei stabilem Verbraucherpreisindex gewesen sei.

Sten Thore, Household Saving and the Price Level (National Institute of Economic Research), Stockholm 1961, S. 240. Zit. nach Buchbesprechung von Eliz. W. Gilboy, Am. Econ. Rev., Sept. 1962, S. 829 ff.

Lohnpolitische und allgemein wirtschaftspolitische Schlußfolgerungen

Das hier wiedergegebene Bild der Preisentwicklung bezieht sich auf eine Periode im Leben der westdeutschen Wirtschaft, in der sowohl starkes Produktionswachstum als auch Vollbeschäftigung vorgeherrscht haben; außerdem bemühten sich die wirtschaftspolitischen Instanzen um Preisstabilität. Dabei konnten sie freilich keines dieser Ziele absolut setzen, sondern hatten immer die Interdependenz dieser Hauptziele, darüber hinaus aber auch vielerlei weitere Nebenbedingungen und -ziele im Auge zu behalten, die gleichzeitig erfüllt oder erreicht werden sollten.

In welchem Verhältnis stehen nun vor allem Wachstum bei Vollbeschäftigung und Preisstabilität zueinander?

Eine vereinfachte Analyse unterstellt, daß Gleichheit von nominaler Gesamtnachfrage und Angebotspotential eine ausreichende Bedingung dafür ist, daß das gegebene Preisniveau unverändert bleibt. Entspricht die Nachfrage diesem Angebotspotential und wächst im Gleichschritt mit ihm, so werden nach dieser Betrachtungsweise keine Kräfte frei, die das Preisniveau ändern könnten. Partielle Ungleichgewichte würden sich im Rahmen dieser Gleichheit der Globalgrößen so äußern, daß partieller Übernachfrage an anderen Stellen partielle Nachfragedefizite entsprächen und partiellen Preiserhöhungen partielle Preissenkungen gegenüber ständen.

Die aus dieser Analyse folgende Vorstellung, daß die Entwicklung des Preisniveaus nur von dem Grad der Ungleichheit zwischen globaler nominaler Nachfrage und Gesamtangebotspotential — gemessen in gegebenen Preisen — abhängt, ist schon deshalb falsch, weil die Höhe des zu einer gegebenen Zeit mit den vorhandenen Ressourcen erzeugbaren Sozialproduktes zumindest auch von der Nachfragestruktur und ihrer Veränderung mitbestimmt wird. Selbst die Vertreter einer reinen demand-pull-theorie der Inflation dürften sich mit einer globalen Analyse also nicht zufrieden geben. Gerade sie müßten sehen, daß der Preisauftrieb, den zusätzliche Nachfrage bewirkt, nicht von ihrer Höhe allein, sondern entscheidend davon bestimmt wird, welchen Märkten sie sich zuwendet. Der Preisauftrieb entsteht in den einzelnen Märkten, in denen die Situation zur gleichen Zeit oft ganz unterschiedlich ist oder in denen ein gegebener Nachfragedruck (ein gegebenes Nachfragedefizit) zu sehr unterschiedlichen Preisreaktionen führt. Wenn man trotz Einsicht in diese Sachlage von selektiven Maßnahmen an Einzelmärkten abrät und allein mit globalen Maßnahmen die Stabilität des Preisniveaus zu sichern empfiehlt, so setzt dies voraus, daß man die Interdependenz, Transparenz, Mobilität und daher die Wirkungsgeschwindigkeit globaler Maßnahmen und die Reaktionsgeschwindigkeit des g a n z e n Systems für bedeutend, die Unvollkommenheitsfaktoren und Friktionen hingegen für unbedeutend hält.

Der Empiriker wird indessen eher umgekehrt von der Bedeutung der Unvollkommenheitsfaktoren (Verzögerungen durch geringere Transparenz und Mobilität als vorausgesetzt) überzeugt sein. Andererseits wird er auch selektive Maßnahmen nicht für ausreichend halten, da man sie gleichzeitig für zu viele andere Zielsetzungen außer zur Stabilisierung des Preisniveaus einsetzt, als daß ihre Gesamtwirkung gerade zu diesem Erfolg führen könnte.

Der Punkt, in dem alle Kraftlinien der volkswirtschaftlichen Angebots-Nachfragekonstellation noch am besten zusammenlaufen, ist der Arbeitsmarkt. Er ist indessen der Selbstverwaltung der Kontrahenten übergeben, weil seine staatliche Regulierung — mehr als eine nur ökonomische Zweckmäßigkeitsfrage — tiefe Probleme der politischen Grundordnung aufwerfen würde.

Ein besonderes Interesse kann unter den Voraussetzungen, die das Vertrauen in die globale Regulierung von Gesamtangebot und -nachfrage als ausreichendes Mittel zur Stabilisierung des Preisniveaus allenfalls begründen könnten, die eben erwähnte Vorstellung beanspruchen, der Preismechanismus arbeite so, daß Änderungen der Nachfragestruktur bei gegebener und global mit dem Angebot übereinstimmender Größe der Nachfrage das Preisniveau unverändert ließen. Ein solches Arbeiten des Preissystems stellt nämlich ganz bestimmte Anforderungen an die Preisflexibilität. Die Frage nach der Stabilität des Preisniveaus führt somit zur Frage der Preisflexibilität.

Damit Höhe und Veränderung des mit Hilfe eines *Laspeyres*-Preisindex gemessenen Preisniveaus $\dfrac{\sum_{j=1}^{m} q_j^o p_j^1}{\sum_{j=1}^{m} q_j^o p_j^o}$ unabhängig davon sind, wie sich eine gegebene Nachfrage auf die einzelnen Güter verteilt, muß für die Höhe des Preisindex unbeachtlich sein, ob sich die Ausgabensumme aus $\sum_{j=1}^{m} q_j^1 p_j^1$ oder aus dem gleichgroßen Betrag $\sum_{j=1}^{m} q_j^{1'} p_j^{1'}$ zusammensetzt. Daher muß gelten: $\dfrac{\sum_{j=1}^{m} q_j^o p_j^1}{\sum_{j=1}^{m} q_j^o p_j^o} = \dfrac{\sum_{j=1}^{m} q_j^o p_j^{1'}}{\sum_{j=1}^{m} q_j^o p_j^o}$ oder $\sum_{j=1}^{m} q_j^o p_j^1 = \sum_{j=1}^{m} q_j^o p_j^{1'}$. Das bedeutet, daß die mit den Mengen des Basisjahres gewogenen Preiserhöhungen der Situation 1' gegenüber der Situation 1 genau so groß wie die gewogenen Preissenkungen sein müssen, wenn der Preisindex von der Ausgabenstruktur unabhängig sein soll.

Entsprechend erhält man beim *Paasche*-Preisindex den Ausdruck $\sum_{j=1}^{m} q_j^1 p_j^0 = \sum_{j=1}^{m} q_j^{1'} p_j^0$ als Bedingung dafür, daß der Index bei einer Ausgabenstruktur $\sum_{j=1}^{m} q_j^{1'} p_j^{1'}$ dieselbe Höhe wie bei einer Ausgabenstruktur $\sum_{j=1}^{m} q_j^1 p_j^1$ hat.

Für beide Preisindizes liegen demnach jeweils genaue Bedingungen dafür vor, daß das Preisniveau von Umschichtungen innerhalb einer gegebenen Gesamtnachfrage unberührt bleibt. Die Erfüllung dieser Bedingungen symmetrischer Preisflexibilität muß um so mehr als Spezialfall, wenn nicht als Zufall erscheinen, als es keine Automatik gibt, die diese Reaktion des Preismechanismus sichert. Besonders gilt dies in einer Preistheorie, die andere Parameter als Preis und Menge kennt. In allen Fällen, in denen die genannten Bedingungen nicht erfüllt sind, geht bereits von p a r t i e l l e n Ungleichgewichten eine Tendenz zur Änderung des Preis n i v e a u s aus. Globales Ungleichgewicht in Form der sogenannten „allgemeinen Übernachfrage" ist folglich keine notwendige Voraussetzung für Preisauftrieb[23]).

Wenn grundsätzlich mit einer Asymmetrie der Preisflexibilität in dem Sinn zu rechnen ist, daß partielle Übernachfrage die Preise stärker (schneller) erhöht als partielle Nachfragedefizite an anderer Stelle die Preise sinken lassen, so kann eine Politik, die sich mit Maßnahmen zur Abstimmung von Gesamtangebot und -nachfrage begnügt, selbst dann das Ziel Vollbeschäftigung mit dem Ziel Preisstabilität schwerlich vereinbar machen, wenn die ergriffenen Maßnahmen zu der gewollten Globalabstimmung führen. Freilich ist ein brauchbarer empirischer Anhaltspunkt dafür, daß ein globales Gleichgewicht erreicht ist, kaum zu finden. Richtet sich die Wirtschaftspolitik an der Entwicklung des Preisniveaus aus, so wird sie eher zuviel restringieren, da sie die auch bei ausgeglichener Angebots-Nachfragekonstellation wegen der Asymmetrie der Preisflexibilität noch vorhandenen Preisauftriebskräfte erst bei einem gewissen U n t e r druck der Nachfrage überwinden kann.

Für asymmetrische Preisflexibilität im Sinne geringerer Nachgiebigkeit der Preise nach unten als nach oben sprechen mehrere Gründe. Zunächst ist sie eine Folge der Preismacht von Anbietern auf anderen als atomistisch strukturierten Märkten. Die Preise sind nicht Daten, denen gegenüber die eigene Entscheidung nur die Produktionsmenge bestimmt. Vielmehr werden Preis- und Mengenentscheidungen in einem Parametersystem getroffen, in dem zumindest noch Produktqualität und aktive Verkaufskosten, vor Para-

---

[23]) Dieser Gedanke berührt sich mit dem „demand shift"-Argument von Charles L. Schultze, vgl. derselbe, Recent Inflation in the United States, Study Paper No 1 (Employment, Growth and Price levels; Joint Economic Committee, Washington 1959).

metern minderer Bedeutung, einen wichtigen Platz beanspruchen. Anstatt Preise zu senken, kann man die Produktion umstellen, das Produkt verbessern oder die Verkaufsanstrengungen steigern, um eine erstrebte Marktposition zu halten. Im entgegengesetzten Fall, in dem Preiserhöhungen angezeigt wären, stehen wohl nicht ganz soviel Ersatzoperationen zur Auswahl, mit deren Hilfe man das Firmengleichgewicht leichter und risikoloser als durch eine Preiskorrektur wiederzuerlangen vermag.

Als weiterer Grund für asymmetrische Preisflexibilität kommt die Starrheit der Nominallohnsätze nach unten hinzu. Für eine allgemeine Senkung dieser Sätze ist indessen in einer sich entwickelnden, nicht von Katastrophen betroffenen Wirtschaft gar kein Platz. Auch partiell ließen sich Nominallohnsenkungen allenfalls in dem Umfang aufrechterhalten, wie bei gegebener Interdependenz der Teilarbeitsmärkte die Allokation der Arbeitskräfte nicht gestört würde. Doch wäre in jedem Fall die Durchsetzung dieser partiellen Lohnsenkung nur möglich, wenn die Verhandlungsposition der Arbeitnehmer auf dem Arbeitsmarkt schwächer wäre, als mit einem ausgeglichenen Kräfteverhältnis zwischen den Tarifpartnern vereinbar erscheint, schwerlich also bei Vollbeschäftigung. Da selbst bei beträchtlicher Unterbeschäftigung die Löhne zunächst weiter zu steigen vermögen, v e r s c h l e c h t e r n sich in dieser Beschäftigungssituation mit ihren schnellen Rückwirkungen auf weitere Produktivitätsfortschritte vielfach von der Lohnkostenseite die Möglichkeiten zur Aufrechterhaltung der Preisstabilität[24]). Nicht nur bei Vollbeschäftigung, sondern auch bis zu einer gewissen Bandbreite darunter verlaufen also Lohnbewegungen nur in einer Richtung[25]). Diese Irreversibilität von Lohnsteigerungen ist desto eher durchzuhalten, als sie keinerlei Allokationsprobleme

---

[24]) „The attempt to check inflation by restricting demand eliminates the growth of productivity without even guaranteeing that money wages will cease to rise." Joan Robinson in ihrer Besprechung von G. Maynard, Economic Development and the Price Level. London, New York 1962, The Economic Journal, Vol LXXIII/1963, S. 299.

Man braucht jedoch nicht auf dauerhafte monopolistische Macht der Gewerkschaften zu schließen, wenn die Preise (entsprechend der Lohnentwicklung) zunächst auch bei schwindender Nachfrage und sinkenden Gewinnen weiter steigen. Vielleicht handelt es sich nur um time-lags in der Anpassung. Auf jeden Fall hängt die Stärke der Arbeitnehmerseite am Arbeitsmarkt sehr empfindlich von der konjunkturellen Situation ab. Daß sie bei Knappheit an Arbeitskräften vorhanden ist, hat nichts mit einem monopolistischen Einfluß zu tun.

[25]) Anstatt in einer ständigen Monopolmacht der Arbeitnehmer, die sie für fortgesetzte Umverteilungsvorstöße benutzen, ein permanent wirksames Moment des Preisauftriebes zu sehen, kann man die Erklärung des Preisauftriebes vielleicht besser in einem Alternieren von Gewinn- und Lohnstößen sehen. Von den dynamischen Nachfragekomponenten, zu denen Export, Staatsnachfrage und Investition viel stärker gehören als der private Verbrauch, geht die Beschleunigung aus, die die Gewinnlage verbessert; dies führt zu Lohnerhöhungen, die schließlich die Produktivitätssteigerung überholen. Die Gewinne gehen trotz Preiserhöhungen relativ zurück, die internationale Wettbewerbsposition kann sich verschlechtern, der Aufschwung verlangsamt sich, bis von den autonomen Nachfragekomponenten eine neue Beschleunigung aus-

aufwirft. Die Lohnstruktur kann auch auf dieser Einbahnstraße so verändert werden, wie es die Lenkung der Arbeitskräfte erfordert.

Indessen ist nicht nur das Fehlen globaler Übernachfrage keine ausreichende Bedingung für Preisstabilität (oder umgekehrt: der Anstieg des Preisniveaus kein Indiz für allgemeine Übernachfrage), auch produktivitätsorientierte Lohnpolitik löst die grundsätzliche Antinomie zwischen Wachstum und Preisstabilität nicht auf. Hinter dieser Konzeption steht die richtige Erkenntnis, daß schnellere Nominallohnanstiege als im Ausmaß der Produktivitätssteigerungen zu einer Erhöhung der Lohnkosten (Löhne je Produktionseinheit) führen und auf diese Weise Preissteigerungen auslösen k ö n n e n. Am schärfsten werden die Preissteigerungen, wenn die ihre Produktivität am schnellsten erhöhenden Branchen das Tempo der Lohnsteigerungen bestimmen (Lohninterdependenz), die in der Produktivitätsentfaltung aus subjektiven oder objektiven Gründen am weitesten hinterherhinkenden aber das Tempo der Preissteigerungen. Eine Abhilfe durch die Produktivitätsregel in der Lohnpolitik — interpretiert als Ausrichtung der Nominallohnsteigerung je Arbeitnehmer im volkswirtschaftlichen Durchschnitt an der Zunahme des Produktionsergebnisses je Arbeitnehmer, ebenfalls im volkswirtschaftlichen Durchschnitt — setzt jedoch wieder voraus, daß Preisniveau und Preise ursächlich lohnkostenbestimmt sind, daß mithin die Preise dort, wo die Lohnsteigerung den Produktivitätsfortschritt nicht ausfüllt, genau so nach unten flexibel sind wie dort nach oben, wo der Produktivitätsfortschritt unterdurchschnittlich bleibt.

Als Einwand gegen die Annahme solcher Flexibilität ist hier nur das zu wiederholen, was eben über die durch andere Verhaltensweisen als die des Mengenanpassers in ein anderes Licht gerückte Bedeutung des Preises zu sagen war. Selbst wenn in einem um diese anderen Aktionsparameter erweiterten System die Preise langfristig ebenfalls nach den Kosten (in erster Linie also Lohnkosten) tendieren, kurzfristig, das heißt bei immer neuen Änderungen, ist diese Tendenz nicht bestimmend. Kann es daher schon in einer geschlossenen Wirtschaft außer durch Anpassung der Kosten an die Preise (Qualitätsveränderung des Produkts!) auch durch Staats- und Unternehmernachfrage zu einer nicht mit den Löhnen je Produktionseinheit parallel laufenden Preisentwicklung kommen, so gilt dies erst recht in einer offenen Volkswirtschaft. Denn nicht nur Staat und Unternehmer, sondern vor allem das Ausland werden durch die Einhaltung der Produktivitätsregel in der Lohnpolitik eines Landes nicht daran gehindert, mit ihrer Nachfrage in diesem Land die durch die realen Expansionsmöglichkeiten vorgezeichneten

---

gelöst wird. Es ist nicht ganz verständlich, weshalb D. H. Robertson einen wage-push dennoch für wahrscheinlicher als einen profits-push hält. D. H. Robertson in seiner Besprechung des Buches: Inflation (Proceedings of a Conference held by the Intern. Econ. Assoc. 1959, edit. by D. C. Hague, London 1962), The Econ. Journal, Vol. LXXIII/1963, S. 283.

Grenzen[26]) zu überschreiten und von der Nachfrage her die Preise hochzutreiben. Das wirkt sich bei „Disziplin" der Arbeitnehmer in einer Zunahme des Staats- und Gewinnanteils am Sozialprodukt aus, bis schließlich die Unternehmer (auch ohne tarifpolitische Aktivität der Gewerkschaften) auf der Suche nach Arbeitskräften die Löhne hochzubieten beginnen. Das Einverständnis der Arbeitnehmer mit der Produktivitätsformel würde diesen daher keineswegs eine einmal gegebene Einkommensverteilung gewährleisten[27]), sondern — zumindest zeitweilig — die Möglichkeit spürbarer Verteilungsänderungen zu ihren Ungunsten im Zuge einer Export-, Investitions- und/oder Staatskonjunktur offenlassen. Die geläufige Betrachtungsweise, die in der Produktivitätsregel als Leitlinie der Lohnpolitik die Garantie einer gegebenen Einkommensverteilung sieht, ist daher wenigstens so lange falsch, als nicht sichergestellt ist, daß Staat, Unternehmer und Ausland (Außenbeitrag) sich demselben Spielraum einfügen.

Produktivitätsorientierte Lohnpolitik ist also weder eine notwendige (Nichtunternehmer-Sparen) noch eine ausreichende (Preisflexibilität) Bedingung der Preisstabilität[28]). Sie ist auch verteilungspolitisch schwerlich neutral. Damit sie den status quo der Einkommensverteilung erhalten hülfe, müßten vielmehr gleichzeitig entsprechende Regeln für die Nachfragesteigerung des Staates, der Unternehmer und des Auslandes anerkannt werden. Eine derartige allgemeine Fixierung der Verteilung des Sozialproduktes im Zuge wirtschaftlichen Wachstums könnte aber kaum zu guten Resultaten beitragen. Nach allen Erfahrungen erscheint im Gegenteil gerade das Wechselspiel im Wachstum der einzelnen Verwendungskomponenten des Sozialproduktes für den Prozeß der Nachfragesteigerung als besonders bedeutsam[29]).

Damit ist jedoch die Reihe kritischer Einwände gegen die Produktivitätsregel in der Lohnpolitik noch nicht beendet. Prüft man zuletzt nämlich ihre praktische Anwendbarkeit, so zeigt sich, daß sie keine Anweisungen gibt, wie der im Rahmen der Produktivitätssteigerung durchschnittlich mögliche Lohnzuwachs (funktional und regional) auf die Arbeitnehmer verteilt werden soll. Auf diese Frage sind mindestens drei Antworten denkbar:

---

[26]) Freilich ist diese Grenze nie so scharf gezogen, daß bis zu einem bestimmten Punkt sich jede nominale Mehrnachfrage voll in realer Produktionsausweitung, danach voll in Preisauftrieb niederschlüge; vielmehr wird ein Teil zu Produktionserhöhungen und ein Teil, schon vor Erreichen der Vollbeschäftigung, zu Preiserhöhungen führen.

[27]) Daß es dies täte, wurde erst jüngst wieder auf einer Geschäftsführerkonferenz der Arbeitgeberverbände behauptet, nach „Der Volkswirt" Nr. 21 vom 24. 5. 1963, S. 1004. Richtig ist dies nur, wenn man Ausrichtung der Reallohn-, nicht der Nominallohnsteigerung am Produktivitätsfortschritt meint.

[28]) Sehr klar äußerte sich hierzu der Wissenschaftliche Beirat beim BWM in seinem Gutachten vom 21. 2. 1960 über die gegenwärtigen Möglichkeiten und Grenzen einer konjunkturbewußten Lohnpolitik in der Bundesrepublik.

[29]) Vgl. hierzu Herbert Martell, Konjunkturdiagnose für Westdeutschland. Vierteljahrshefte zur Wirtschaftsforschung 1962, S. 196.

a) Überall steigen die Löhne im Ausmaß des gesamtwirtschaftlichen Produktivitätsfortschrittes. Die Lohnstruktur bleibt unverändert. Aus Gründen der Faktorallokation wäre eine solche Praxis nicht haltbar. Partiell kann der Bedarf an Arbeitskräften nicht gedeckt werden, da die Anreize zur Fluktuation geschwächt sind. In diesem Augenblick besteht für Wirtschaftszweige mit ungedecktem Kräftebedarf Veranlassung zu stärkeren Lohnerhöhungen, die das Limit durchbrechen.

b) Auch Lohnerhöhungen in den einzelnen Zweigen im Rhythmus der branchenspezifischen Produktivitätssteigerungen würden mit den Lenkungserfordernissen schnell kollidieren und daher keinen Bestand haben.

c) Allein eine den Allokationserfordernissen entsprechend veränderliche Lohnstruktur ist volkswirtschaftlich widerspruchsfrei. Dies bedeutet aber, daß der Produktivitätsfortschritt weder zur Richtschnur linearer noch zum Maßstab branchenspezifischer Lohnerhöhungen gemacht werden kann. Vielmehr müssen sich die Löhne in der Struktur so entwickeln, daß die Arbeitskräfte dorthin gezogen werden, wo sie in jeweiligen, nicht in konstanten Preisen das größte Produkt erzeugen. Dafür ist aber die Entwicklung der Nachfragestruktur ebenso maßgebend wie die Entwicklung der mengenmäßigen Produktivität in den einzelnen Bereichen der Entstehungsseite. Die Veränderung der relativen Güterpreise kommt unter dem Druck dieser b e i d e n Kräfte (Käuferpräferenzen und Produktivität) zustande; und es ist diese ö k o n o m i s c h e Relation zwischen den Gütermärkten, nicht die technische Relation (k o n s t a n t e Preise) allein auf der Angebotsseite der Märkte, die in der Lohnstruktur reflektiert wird.

Das Fazit aus diesen drei Punkten ist daher, daß die Verfahren a) und b) unbrauchbar sind, weil sie die Nachfrage vernachlässigen, daß jedoch Nachfrage (vgl. c) und Produktivität nicht gleichzeitig als Maßstab für die Lohnpolitik in den Bereichen dienen können, da sie nur zufällig dasselbe lohnpolitische Verhalten verlangen werden. In der Regel werden sie im Widerspruch zueinander stehen. Im Konfliktfall entscheidet sodann der Blick auf den Absatzmarkt, das heißt die Nachfrage, über die Lohnsteigerung.

Die Bedingung, daß die Lohnsteigerung nicht über die Produktivitätszunahme hinausgehen soll, kann sich nach Wägung aller Verhandlungsergebnisse einer Lohnrunde zwar gesamtwirtschaftlich als erfüllt herausstellen, gibt jedoch keine Orientierung für die Praxis dezentralisierter Lohnverhandlungen. Da indessen, wie dargelegt, produktivitätsorientierte Lohnpolitik aus anderen Gründen keine notwendige oder ausreichende Voraussetzung der Preisstabilität ist und auch das Verteilungsproblem nicht zu lösen vermag, fällt ihr operativer Mangel auch nicht mehr schwer ins Gewicht.

Wirtschaftspolitisch muß die Forderung nach Preisstabilität als eine von vielen Zielsetzungen angesehen werden, die sich teilweise widersprechen. Ein solches widerspruchsvolles Zielbündel wäre auch von einem einzigen „policy maker", der zudem vollkommene Information (auch Voraussicht) und Kenntnis der Wirkungszusammenhänge des Systems besitzen müßte, nur in Form eines Kompromisses unter den Einzelzielen zu realisieren[30]). Denn das Maximum der Zielfunktion wird regelmäßig erreicht werden, wenn man viele Ziele teilweise, kaum eines aber vollständig verwirklicht. Von den einzelnen Zielen werden also unter Berücksichtigung ihres Ranges in der Präferenzskala des „policy maker" Abstriche gemacht werden, damit ein einigermaßen konsistentes Programm entsteht.

In der Wirklichkeit eines demokratischen Staates ist der wirtschaftspolitische Prozeß freilich noch schwieriger, als schon diese Andeutungen zeigen. Statt eines „policy maker" handelt es sich um viele, von denen jeder eine andere Zielfunktion hat. Dabei widersprechen sich in der Regel nicht nur die Zielfunktionen der „policy maker" untereinander, sondern auch die Zielfunktion jedes einzelnen „policy maker" ist in sich konfliktgeladen. Es kommt daher gar nicht zur Abstimmung über ein von solchen Widersprüchen bereinigtes und insgesamt transparent gemachtes Programm, sondern zu Einzelmaßnahmen, die taktisch, das heißt des Aushandelns wegen, aber nicht ökonomisch im wechselseitigen Zusammenhang gesehen werden. Sobald unerwünschte Rückwirkungen über ein für „erträglich" gehaltenes Maß hinauszugehen drohen, wird durch eine Korrektur ausgeholfen, deren Rückwirkungen notfalls wiederum korrigiert werden.

Durch die in den westlichen Volkswirtschaften aus politischen Gründen schwache instrumentale Ausstattung einer wirtschaftspolitischen Zentrale erhält das Problem einer befriedigenden Zielverwirklichung sicher noch eine größere Schärfe, als schon auf Grund mangelhafter Information und Kenntnis der Reaktionsweise eines volkswirtschaftlichen Systems, mit denen jede Lenkungsform zu kämpfen hat, unvermeidlich ist. Aus den zuletzt genannten beiden Gründen sind selbst die mit reichhaltigerem wirtschaftspolitischen Instrumentarium und stärkerer Zentralgewalt ausgestatteten autoritären Staaten kaum besser in der Lage, ihre Ziele zu realisieren[31]). Andererseits sichern die vielen sich gegenseitig korrigierenden Teilgewalten in demokratischen Wirtschaftsordnungen, daß die Wirtschaftspolitik einen breiten Interessenfächer berücksichtigt und keine zu einseitigen Zielsetzungen verfolgt. Darin liegt bei aller Unvollkommenheit im einzelnen geradezu eine besondere Leistung dieses Systems.

Ganz von selbst versteht sich, daß es angesichts dieser Natur des Lenkungsproblems nicht nur leichter, sondern überhaupt erst möglich ist, die unter-

---

[30]) Wie der Verfasser nachträglich feststellt, finden sich den hier geäußerten Gedanken sehr ähnliche bei Bent Hansen, The Economic Theory of Fiscal Policy, London 1958, insbesondere S. 430 ff. (Full Employment and a Stable Value of Money in a World of Uncertainty).

[31]) Gerade auch was Stabilität des Preisniveaus anlangt.

schiedlichen Ziele miteinander kompatibel zu machen, wenn die Lösungen in Ziel r ä u m e n liegen dürfen und nicht in einwertig definierten Zielpunkten gesucht werden[32]).

Damit ist bereits auch eine Antwort auf das Argument erteilt, es müsse der Wirtschaftspolitik genau so gut möglich sein, absolute Preisstabilität zu gewährleisten, wie dafür zu sorgen, daß der Preisauftrieb 3 bis 4 % p. a. nicht übersteigt.

Eine besondere Antwort verlangt indessen noch die Frage, ob nicht damit zu rechnen ist, daß ein langsamer Preisauftrieb sich durch Antizipation der Wirtschaftssubjekte auf jeden Fall beschleunigt und schließlich in der galoppierenden Inflation enden muß[33]).

Die geläufige Überlegung geht dahin, daß die Wirtschaftssubjekte angesichts eines leichten Inflationsgrades Sicherungsmaßnahmen treffen: Waren und Verschuldung werden Geld und Geldforderungen vorgezogen. Dadurch wird der Inflationsgrad erhöht. Das zieht weiteres „hedging" nach sich mit der Folge, daß das Preisniveau weiter steigt. Während das Argument nun sowohl die Schlußfolgerung zuläßt, daß die Reihe der sich aus diesen Anpassungsdispositionen endogen ergebenden sukzessiven Preiserhöhungsraten explodiert, als auch die andere, daß die Preissteigerungsraten einen Grenzwert erreichen, bei dem sich die Wirtschaftssubjekte voll an den dann herrschenden Inflationsgrad angepaßt haben und kein preistreibendes „hedging" mehr unternehmen, wird in der Regel allein der Schluß auf einen explosiven Verlauf gezogen. Eine solche Entwicklung setzt indessen voraus, daß der Preisauftrieb, der durch Sicherung gegen einen zusätzlichen Inflationsgrad ausgelöst wird, wenigstens gleich groß wie dieser ist. Dann würde eine mit 2 % beginnende Reihe sich folgendermaßen entwickeln: 2, 4, 6, 8 % ... usw. Erst recht explosiv verliefe die Reihe natürlich, wenn „hedging" die Preise nicht mit konstanter, sondern zunehmender Beschleunigung steigen ließe: z. B. 2, 5, 9$^{1}/_{2}$, 16$^{1}/_{4}$ % usw. In der Annahme, daß die Wirtschaftssubjekte danach trachten werden, sich gegen den Preisauftrieb zu schützen, liegt jedoch nichts, was zu einer solchen zusätzlichen Annahme berechtigen oder gar zwingen würde. Theoretisch ist eine Reihe, die gegen einen Grenzwert konvergiert, weil der durch „hedging" ausgelöste weitere Preisauftrieb immer kleiner wird, genau so gut denkbar. Eine solche Reihe würde etwa lauten: 2, 3, 3$^{1}/_{2}$, 3$^{3}/_{4}$ % usw., und 4 % als Grenzwert zustreben, bei dem die Wirtschaftssubjekte sich an den Inflationsrhythmus angepaßt hätten, ohne daß dies die Inflationsrate noch weiter erhöhen würde. Theoretisch läßt sich mithin nur

---

[32]) Diese Gedanken führen zur Theorie des sozialökonomischen Optimums im Sinne des Bestmöglichen (second best); vgl. hierzu Herbert Giersch, Allgemeine Wirtschaftspolitik-Grundlagen. Wiesbaden 1960, S. 97 ff.
[33]) Vgl. zum folgenden: R. G. Lipsey, Is Inflation Explosive? The Banker, 1961, S. 671 ff.

folgern, daß die Inflationsrate durch die Anpassung gegenüber dem Anfangsniveau erhöht wird. Auch empirisch, das heißt anhand des Verlaufes von historischen Geldentwertungsprozessen läßt sich die These einer zwangsläufigen endogenen Beschleunigung auf Grund antizipativer Dispositionen privater Wirtschaftssubjekte nicht erhärten[34]), vorausgesetzt also, daß der Staat selbst nicht von dem Kurs einer schleichenden Inflation ab- und zu offener Inflationsfinanzierung übergeht. Das würde einen ganz anderen Inflationsmechanismus bewirken, der nicht mehr auf der Basis der engen Verflochtenheit von Kosten-, Nachfrage- und demand-shift-Impulsen sowie verteilungspolitischen Kämpfen erklärt werden könnte, die das Bild der schleichenden Inflation prägen, sondern der dem rohen quantitätstheoretischen Mechanismus der Geldinflation entspräche.

Im einzelnen ist die rationale Anpassung der Wirtschaftssubjekte an einen gewissen Inflationsgrad, ohne daß hiervon weitere Beschleunigungswirkungen ausgehen, so denkbar, daß man eine Anpassung des Geldzinses an diese Inflationsrate unterstellt. Der Geldzins muß eine Höhe aufweisen, die das Verlangen neutralisiert, in Erwartung weiterer Preissteigerungen und nur ihretwegen Waren zu horten und Kreditkäufe vorzunehmen.

Bei derartig eingependeltem Nominalzins kann man aus dem steigenden Preistrend nicht durch „Flucht in die Sachwerte" profitieren. Durch den höheren Geldzins ist das Verhältnis zwischen Geld- und Sachvermögensbesitz wieder dasselbe, wie in Erwartung eines stabilen Preisniveaus bei entsprechend niedrigerem Geldzins. Da sich die schleichende Inflation folglich als durchaus beherrschbar erweist und theoretische sowie empirische Beweise für ihre zwangsläufige Explosion fehlen, kann die Stabilität des Preisniveaus tatsächlich auch langfristig als eines jener wirtschaftspolitischen Ziele angesehen werden, die in der allgemeinen Ziel-Interdependenz und dem vielfach antinomischen Verhältnis der einzelnen Ziele zueinander nur relativ verwirklicht zu werden brauchen, ohne daß deshalb die Gefahr einer schnellen Inflation drohen würde.

---

[34]) Vgl. R. G. Lipsey, Is Inflation Explosive?, a. a. O., S. 677 ff. Lipsey überprüft zunächst mehr als 40 Länder und kommt zu dem Schluß, daß die Entwicklung (selbst bei sehr hohem Inflationsgrad: 20 %) nicht unvermeidlich explodiert. Eine detailliertere Analyse von 20 Ländern (einschließlich südamerikanische Länder mit ihrer schon mehr als schleichenden Inflation) führt zu der Feststellung: „It appears, on the basis of the observed facts, that it is just as likely that next year's rate of inflation will be equal to or less than this year's rate, as that next year's rate will exceed this year's rate. This is true even at high rates of inflation." (a. a. O., S. 680.)

Zusammenfassung

Nachdem die Hauptergebnisse der Berechnungen schon auf den Seiten 19 f. und 21 ff hervorgehoben worden sind, sollen zum Abschluß die über die ganze Abhandlung verstreuten wichtigsten Thesen noch einmal übersichtlich nebeneinander gestellt werden:

1. Wenn man sich ein Bild über die Kosten-Preis-Problematik unter den gegebenen Verhältnissen machen will, hat man von der vorhandenen, politisch akzeptierten Wirtschaftsordnung und ihren Möglichkeiten auszugehen. Diese Wirtschaftsordnung ist funktionsfähig gerade dadurch, daß sie dem Interessenpluralismus einen gewissen Spielraum läßt.

2. Die durchsetzbaren wirtschaftspolitischen Maßnahmen sind daher Kompromißlösungen, die mehrere, oft einander widerstreitende Zielsetzungen von Gruppen berücksichtigen müssen. Kein Einzelziel kann ohne Abstriche erreicht werden.

3. Dies gilt auch für die Zielsetzung eines im Zeitablauf stabilen Preisniveaus, besonders wenn man die zusätzlichen Schwierigkeiten durch unvollständige Information und Kenntnis der Zukunft in Betracht zieht. Es erscheint daher sinnlos, die Kosten-Preis-Problematik unter dem Blickwinkel der „Schuld" einzelner Gruppen an den Preissteigerungen zu untersuchen.

4. Graduelle Verbesserungen in der Vereinbarkeit von Preisstabilität und Wachstum sind trotz des prinzipiellen Kompromißcharakters der Lösungsmöglichkeiten freilich nicht ausgeschlossen.

5. Es ist nicht gerechtfertigt, damit zu drohen, daß jede schleichende Geldentwertung eher früher als später aus sich selbst heraus in eine galoppierende Inflation übergehen müsse. Zweck dieser Behauptung ist, Preisstabilität als absoluten, nicht relativierbaren Wert über die Diskussion zu stellen. Tatsache ist hingegen, daß theoretisch ohne weiteres eine Anpassung der Wirtschaftssubjekte an eine bestimmte Preissteigerungsrate vorstellbar ist, die diese Rate nicht ständig erhöht, sondern zu einem stabilen Wert kommen läßt. Auch empirisch ist diese endogene Beschleunigungstendenz nicht nachweisbar. Damit kann jedoch auch die Zielsetzung Preisstabilität in gewissen Grenzen relativiert und einem wirtschaftspolitischen Kompromiß zum Opfer gebracht werden.

6. Genausowenig wie ein globales Angebots-Nachfrage-Gleichgewicht als Bedingung für stabiles Preisniveau haltbar ist, ist produktivitätsorientierte Lohnpolitik eine notwendige oder ausreichende Bedingungung hierfür.

7. Zunahme der Nominallöhne im Rhythmus der Produktivitätssteigerung bietet — entgegen immer wieder vorgebrachten Behauptungen — nicht einmal Schutz gegen eine Veränderung der Einkommensverteilung zu Lasten der unselbständig Beschäftigten.

8. Bei allen Diskussionen von Preis- und Lohnfragen ist im Auge zu behalten, daß die Messung von Bewegungen des Preisniveaus in einer dynamischen Welt besondere Schwierigkeiten bereitet. Preisindizes sind adäquate Maßstäbe, wenn sowohl die Güter als auch die Präferenzen der Wirtschaftssubjekte wenig veränderlich sind.

9. Je größer die Veränderungen bei den Gütern und den Präferenzen der Wirtschaftssubjekte werden, desto mehr versagen Preisindizes als Indikatoren der Entwicklung des „Geldwertes". Damit dürfte auch zusammenhängen, daß von geringen Veränderungen des Preisniveaus in Wirklichkeit bei weitem nicht jene Rückwirkungen auf die Dispositionen der Wirtschaftssubjekte ausgehen, die eine statische Theorie in Aussicht stellt.

Anhang

Der Zusammenhang zwischen Entstehungsseite und Verwendungsseite des Sozialproduktes

Zur Erläuterung der Wege, die im Verlauf des Rekonstruktionsvorganges eingeschlagen werden mußten, soll der Gedankengang in seiner allgemeinen Form erläutert werden. Als Ausgangspunkt diene das wiedergegebene Schema der Lieferungen und Bezüge von Vorleistungen und Endgütern; es zeigt folgende Beziehungen:

1. Der Output B_i jedes Wirtschaftsbereiches i geht entweder als Vorleistung (A_{ij}) an andere Wirtschaftsbereiche j oder als Endprodukt an die Endnachfrage ($F_{iC} \ldots F_{iX}$).

   (1) $B_i = A_{i.} + F_{i.}$ (i = 1, 2, ... m)

2. Der Input N_i jedes Wirtschaftsbereiches i besteht aus inländischen Vorleistungen A_{ji} der übrigen Wirtschaftsbereiche j, aus importierten Vorleistungen M_i und der eigenen Nettoproduktion Y_i.

   (2) $N_i = A_{.i} + M_i + Y_i$

3. Da $B_i = N_i$, ist auch

   $\sum_{i=1}^{m} B_i = \sum_{i=1}^{m} N_i$; anders geschrieben:

   (3) $\sum_{i=1}^{m} A_{i.} + \sum_{i=1}^{m} F_{i.} = \sum_{i=1}^{m} A_{.i} + \sum_{i=1}^{m} M_i + \sum_{i=1}^{m} Y_i$

4. Da $\sum_{i=1}^{m} A_{i.} = \sum_{i=1}^{m} A_{.i}$, ergibt sich

   (4) $\sum_{i=1}^{m} F_{i.} = \sum_{i=1}^{m} M_i + \sum_{i=1}^{m} Y_i$

   Die Endnachfrage — ohne Direktimporte, die unmittelbar in die letzte Verwendung gehen — ist mithin gleich den ausländischen Vorleistungen und der Nettoproduktion der inländischen Wirtschaftsbereiche.

5. Zur Güterbereitstellung sind nun noch die unmittelbar in die letzte Verwendung fließenden Importe zu zählen, F_{MC} bis F_{MX}. Dann erhält man für die gesamte Güterbereitstellung S und -verwendung F den Ausdruck

   (5.1) $\sum_{i=1}^{m} M_i + \sum_{i=1}^{m} Y_i + F_{M.} = \sum_{i=1}^{m} F_{i.} + F_{M.}$

   oder

   (5.2) $\sum_{i=1}^{m} M_i + F_{M.} + \sum_{i=1}^{m} Y_i = C + K + I + V + X$

Schema der Lieferungen und Bezüge von Vorleistungen und Endgütern nach Wirtschaftszweigen und Verwendungsbereichen

von \ an	Interindustrielle Verflechtung				Zwischensumme	Endnachfrage					Güterverwendung	Bruttoproduktionswert
	1	2	...	m		Priv. Verbrauch (C)	Staatsverbrauch (K)	Anlageinvest. (I)	Vorratsinvest. (V)	Ausfuhr (X)		
1	A_{11}	A_{12}	...	A_{1m}	$A_{1.}$	F_{1C}	F_{1K}	F_{1I}	F_{1V}	F_{1X}	$F_{1.}$	B_1
2	A_{21}	A_{22}	...	A_{2m}	$A_{2.}$	F_{2C}	F_{2K}	F_{2I}	F_{2V}	F_{2X}	$F_{2.}$	B_2
.	.	.		.	.	.	.	.	.	.	.	.
m	A_{m1}	A_{m2}	...	A_{mm}	$A_{m.}$	F_{mC}	F_{mK}	F_{mI}	F_{mV}	F_{mX}	$F_{m.}$	B_m
Zwischensumme	$A_{.1}$	$A_{.2}$	...	$A_{.m}$	$A_{..}$	$F_{.C}$	$F_{.K}$	$F_{.I}$	$F_{.V}$	$F_{.X}$	$F_{..}$	
Einfuhr (M)	M_1	M_2	...	M_m	$M_.$	F_{MC}	F_{MK}	F_{MI}	F_{MV}	F_{MX}	$F_{M.}$	
Beitrag zum BIP	Y_1	Y_2	...	Y_m	$Y_.$							
Bruttoeinkommen	L_1	L_2	...	L_m	$L_.$							
Abschreibungen	D_1	D_2	...	D_m	$D_.$							
Indirekte Steuern	T_1	T_2	...	T_m	$T_.$							
Residuum	R_1	R_2	...	R_m	$R_.$							
Güterbereitstellung	S_1	S_2	...	S_m								
Bruttoproduktionswert	N_1	N_2	...	N_m		C	K	I	V	X		

Symbole in teilweiser Anlehnung an P. Norregaard Rasmussen, Studies in Inter-Sectoral Relations, Kopenhagen — Amsterdam 1957, Tabelle B 8, S. 200/201.

6. Diese Beziehungen gelten unabhängig davon, ob das Tableau für ein gegebenes Jahr in jeweiligen Preisen oder in konstanten Preisen eines Basisjahres 0 aufgestellt worden ist. Kennzeichnet man die Größen in laufenden Preisen durch t, die Größen in konstanten Preisen durch 0, so erhält man auf Grund der eben getroffenen Feststellung aus Gleichung (5.2)

(6.1) $\dfrac{S^t}{S^o} = \dfrac{F^t}{F^o}$ oder

(6.2) $\dfrac{\sum_{i=1}^{m} M_i^t + F_M^t + \sum_{i=1}^{m} Y_i^t}{\sum_{i=1}^{m} M_i^o + F_M^o + \sum_{i=1}^{m} Y_i^o} = \dfrac{C^t + K^t + I^t + V^t + X^t}{C^o + K^o + I^o + V^o + X^o}$

In Worten: Die Relation zwischen der Güterbereitstellung eines beliebigen Jahres zu jeweiligen und zu Preisen eines Basisjahres ist gleich der Relation zwischen der Güterverwendung desselben Jahres zu jeweiligen und zu konstanten Preisen. Diese Quotienten, die der allgemeinen Form

$\dfrac{\sum_{i=1}^{m} p_i^t q_i^t}{\sum_{i=1}^{m} p_i^o q_i^t}$ entsprechen, sind aber Preisindizes. Der Preisindex der Güter-

bereitstellung ist gleich dem Preisindex der Güterverwendung.

7. Beide Preisindizes lassen sich weiter zerlegen. Auf der Seite der Güterbereitstellung zeigt sich der Gesamt-Preisindex als gewogener Durchschnitt des Import-Preisindex und der Preisindizes der Beiträge der verschiedenen Wirtschaftsbereiche zum Bruttoinlandsprodukt; auf der Seite der Güterverwendung als gewogener Durchschnitt der Preisindizes für die einzelnen Verwendungskomponenten: Privater Verbrauch, Staatsverbrauch, Anlageinvestition, Vorratsinvestition und Ausfuhr:

(7) $\dfrac{M^t}{M^o} \dfrac{M^o}{S^o} + \dfrac{Y_1^t}{Y_1^o} \dfrac{Y_1^o}{S^o} + \dfrac{Y_2^t}{Y_2^o} \dfrac{Y_2^o}{S^o} + \cdots + \dfrac{Y_m^t}{Y_m^o} \dfrac{Y_m^o}{S^o} =$

$\dfrac{C^t}{C^o} \dfrac{C^o}{F^o} + \dfrac{K^t}{K^o} \dfrac{K^o}{F^o} + \dfrac{I^t}{I^o} \dfrac{I^o}{F^o} + \dfrac{V^t}{V^o} \dfrac{V^o}{F^o} + \dfrac{X^t}{X^o} \dfrac{X^o}{F^o}$

Die Vorleistungs- und Direktimporte sind hier der Einfachheit halber zu einer Größe M zusammengefaßt. Das erste Glied jedes Summanden stellt einen Preisindex, das zweite sein Gewicht dar.

8. In der letzten Gleichung ist von den Preisindizes der linken Seite allein der Importpreisindex ein Güterpreisindex. Die Beiträge zum BIP sind „non-commodity flows", bestehend aus den Bruttoeinkommen der Unselbständigen, den Abschreibungen, den indirekten Steuern sowie einem

Residuum aus Gewinnen, Zinsen und freiwilligen Sozialaufwendungen. Entsprechend handelt es sich bei den Beitragspreisindizes nicht um Güterpreisindizes. Vielmehr sind sie durch die Entwicklung dieser Kostenfaktoren bestimmt.

Auf der rechten Seite stehen dagegen im wesentlichen Güterpreisindizes. Um diese nun von der Kostenseite her rekonstruieren zu können, muß man nur wissen, in welchen Anteilen in die einzelnen Verwendungskomponenten Importe und inländische Lieferungen der verschiedenen Wirtschaftsbereiche, sei es direkt, sei es indirekt, eingegangen sind. Indem man diese Beiträge der Wirtschaftsbereiche zu den einzelnen Verwendungskomponenten in ihre volkswirtschaftlichen Kostenbestandteile zerlegt, erhält man schließlich die Proportionen, in denen sich die Verwendungskomponenten aus den fünf volkswirtschaftlichen Kostenkategorien zusammensetzen.

Methodisch ist dieses Problem durch Inversion der Produktionskoeffizienten-Matrix zu lösen.

$$(8.1) \quad B_i = F_{i.} + \sum_{j=1}^{m} A_{ij}$$

Drückt man die Vorleistungen A_{ij} mit Hilfe der Produktionskoeffizienten

$$a_{ij} = \frac{A_{ij}}{B_j}, \text{ also } A_{ij} = a_{ij} B_j$$

aus und setzt in (8.1) ein, so erhält man

$$(8.2) \quad B_i = F_{i.} + \sum_{j=1}^{m} a_{ij} B_j$$

Die a_{ij} geben hierbei an, wieviel Produktionseinheiten des Sektors i für eine Produktionseinheit des Sektors j erforderlich sind. Für die Endnachfrage $F_{i.}$ bleibt von einem gegebenen Output B_i dann

$$(8.3) \quad F_{i.} = B_i - \sum_{j=1}^{m} a_{ij} B_j \quad (i = 1, 2, \ldots m)$$

verfügbar.

Anstatt, wie in diesem Fall, die für die Endnachfrage verfügbaren Güter auf der Basis einer gegebenen Ausbringung der m Wirtschaftsbereiche und gegebener Produktionskoeffizienten zu errechnen, kann auch umgekehrt der Output jedes der m Wirtschaftsbereiche berechnet werden, der insgesamt (d. h. für die Lieferung an andere Wirtschaftsbereiche und an die Endnachfrage) verfügbar sein muß, wenn bei gegebenen Produktionskoeffizienten eine bestimmte Endnachfrage befriedigt werden soll.

Die gesuchten B_i ergeben sich aus m Gleichungen der Form

$$(8.4) \quad B_i = \sum_{j=1}^{m} b_{ij} F_j. \quad (i = 1, 2, \ldots m)$$

Die b_{ij} dieser Gleichungen sind konstante Parameter, zu denen man durch Inversion der Produktionskoeffizienten-Matrix gelangt. Da $F_j = F_{jC} + F_{jK} + F_{jI} + F_{jV} + F_{jX}$, kann (8.4) auch folgendermaßen geschrieben werden:

$$(8.5) \quad B_i = \sum_{j=1}^{m} \left[b_{ij}F_{jC} + b_{ij}F_{jK} + b_{ij}F_{jI} + b_{ij}F_{jV} + b_{ij}F_{jX} \right]$$

oder

$$(8.6) \quad B_i = \sum_{j=1}^{m} b_{ij}F_{jC} + \sum_{j=1}^{m} b_{ij}F_{jK} + \sum_{j=1}^{m} b_{ij}F_{jI} + \sum_{j=1}^{m} b_{ij}F_{jV} + \sum_{j=1}^{m} b_{ij}F_{jX}$$

Diese Gleichung zeigt B_i als Funktion der bei den m Wirtschaftszweigen ausgeübten Endnachfrage für die fünf Verwendungsrichtungen. Anders ausgedrückt beantwortet somit diese Gleichung die Frage, in welchen Proportionen die Bruttoproduktion des Sektors i direkt oder indirekt (d. h. über die Vorleistungsverflechtung der Wirtschaft) in die verschiedenen Verwendungskomponenten eingeht.

9. Nun interessiert hier letztlich nicht die Aufteilung des gesamten Output jedes Wirtschaftsbereiches i auf die verschiedenen Verwendungen, sondern die Aufteilung der Nettoproduktion Y_i jedes Sektors. Daher ist (8.5) noch weiter umzuformen.

Da $B_i = \dfrac{Y_i}{Y_i} N_i$ ist,

ergibt sich durch Einsetzen in (8.5):

$$(9.1) \quad Y_i = \frac{Y_i}{N_i} \left[\sum_{j=1}^{m} b_{ij}F_{jC} + \sum_{j=1}^{m} b_{ij}F_{jK} + \sum_{j=1}^{m} b_{ij}F_{jI} + \sum_{j=1}^{m} b_{ij}F_{jV} + \sum_{j=1}^{m} b_{ij}F_{jX} \right]$$

Schreibt man statt dessen der Einfachheit halber:
$$(9.2) \quad Y_i = Y_{iC} + Y_{iK} + Y_{iI} + Y_{iV} + Y_{iX}$$
so folgt aus (9.1) und (9.2):

$$(9.3) \quad \begin{aligned} \sum_{i=1}^{m} Y_{iC} &= \sum_{i=1}^{m} \frac{Y_i}{N_i} \sum_{j=1}^{m} b_{ij} F_{jC} \\ \sum_{i=1}^{m} Y_{iK} &= \sum_{i=1}^{m} \frac{Y_i}{N_i} \sum_{j=1}^{m} b_{ij} F_{jK} \\ \sum_{i=1}^{m} Y_{iI} &= \sum_{i=1}^{m} \frac{Y_i}{N_i} \sum_{j=1}^{m} b_{ij} F_{jI} \\ \sum_{i=1}^{m} Y_{iV} &= \sum_{i=1}^{m} \frac{Y_i}{N_i} \sum_{j=1}^{m} b_{ij} F_{iV} \\ \sum_{i=1}^{m} Y_{iX} &= \sum_{i=1}^{m} \frac{Y_i}{N_i} \sum_{j=1}^{m} b_{ij} F_{iX} \end{aligned}$$

Diese Gleichungen geben die gesuchte Aufteilung der Beiträge zum BIP auf die Verwendungskomponenten wieder.

10. Außer diesen Beiträgen gehen in die letzte Verwendung indessen auch die Importe ein, die bislang nicht berücksichtigt worden sind. Entweder fließen sie direkt oder — als ausländische Vorleistungen — nach entsprechender Verarbeitung im ausländischen Wirtschaftsprozeß dorthin.

Die Aufspaltung der als Vorleistungen des Auslandes über inländische Wirtschaftsbereiche in die letzten Verwendungen fließenden Importe erfolgt analog dem Verfahren im vorigen Abschnitt. Wurde dort die Bruttoproduktion mit Hilfe der Nettoquote auf den Beitrag zum BIP heruntergerechnet, so wird hier mittels der Importquote $\frac{M_i}{N_i}$ der einzelnen Wirtschaftsbereiche der Import dargestellt:

$$(10.1) \quad M_i = \frac{M_i}{N_i} \sum_{j=1}^{m} b_{ij} F_{jC} + \sum_{j=1}^{m} b_{ij} F_{jK} + \sum_{j=1}^{m} b_{ij} F_{jI} + \sum_{j=1}^{m} b_{ij} F_{jV} + \sum_{j=1}^{m} b_{ij} F_{jX}$$

$$(10.2) \quad M_i = M_{iC} + M_{iK} + M_{iI} + M_{iV} + M_{iX}$$

$$\sum_{i=1}^{m} M_{iC} = \sum_{i=1}^{m} \frac{M_i}{N_i} \sum_{j=1}^{m} b_{ij} F_{iC}$$

$$\sum_{i=1}^{m} M_{iK} = \sum_{i=1}^{m} \frac{M_i}{N_i} \sum_{j=1}^{m} b_{ij} F_{iK}$$

$$(10.3) \quad \sum_{i=1}^{m} M_{iI} = \sum_{i=1}^{m} \frac{M_i}{N_i} \sum_{j=1}^{m} b_{ij} F_{iI}$$

$$\sum_{i=1}^{m} M_{iV} = \sum_{i=1}^{m} \frac{M_i}{N_i} \sum_{j=1}^{m} b_{ij} F_{iV}$$

$$\sum_{i=1}^{m} M_{iX} = \sum_{i=1}^{m} \frac{M_i}{N_i} \sum_{j=1}^{m} b_{ij} F_{iX}$$

Im Gegensatz zu den ausländischen Vorleistungen lassen sich die Direktimporte an Hand des Ausgangstableaus unmittelbar den einzelnen Verwendungsrichtungen zuordnen.

11. Hiermit sind alle Voraussetzungen dafür erfüllt, daß die Verwendungskomponenten C, K, I, V und X von der Entstehungsseite her geschrieben werden können.

$$C = \sum_{i=1}^{m} Y_{iC} + \sum_{i=1}^{m} M_{iC} + F_{MC}$$

$$K = \sum_{i=1}^{m} Y_{iK} + \sum_{i=1}^{m} M_{iK} + F_{MK}$$

(11.1) $I = \sum_{i=1}^{m} Y_{iI} + \sum_{i=1}^{m} M_{iI} + F_{MI}$

$V = \sum_{i=1}^{m} Y_{iV} + \sum_{i=1}^{m} M_{iV} + F_{MV}$

$X = \sum_{i=1}^{m} Y_{iX} + \sum_{i=1}^{m} M_{iX} + F_{MX}$

Durch Einsetzen von (9.3) und (10.3) erhält man jetzt:

$C = \sum_{i=1}^{m} \left[\frac{Y_i}{N_i} \sum_{j=1}^{m} b_{ij} F_{jC} \right] + \sum_{i=1}^{m} \left[\frac{M_i}{N_i} \sum_{j=1}^{m} b_{ij} F_{jC} \right] + F_{MC}$

$K = \sum_{i=1}^{m} \left[\frac{Y_i}{N_i} \sum_{j=1}^{m} b_{ij} F_{jK} \right] + \sum_{i=1}^{m} \left[\frac{M_i}{N_i} \sum_{j=1}^{m} b_{ij} F_{jK} \right] + F_{MK}$

(11.2) $I = \sum_{i=1}^{m} \left[\frac{Y_i}{N_i} \sum_{j=1}^{m} b_{ij} F_{jI} \right] + \sum_{i=1}^{m} \left[\frac{M_i}{N_i} \sum_{j=1}^{m} b_{ij} F_{jI} \right] + F_{MI}$

$V = \sum_{i=1}^{m} \left[\frac{Y_i}{N_i} \sum_{j=1}^{m} b_{ij} F_{jV} \right] + \sum_{i=1}^{m} \left[\frac{M_i}{N_i} \sum_{j=1}^{m} b_{ij} F_{jV} \right] + F_{MV}$

$X = \sum_{i=1}^{m} \left[\frac{Y_i}{N_i} \sum_{j=1}^{m} b_{ij} F_{jX} \right] + \sum_{i=1}^{m} \left[\frac{M_i}{N_i} \sum_{j=1}^{m} b_{ij} F_{jX} \right] + F_{MX}$

Diese Gleichungen stellen endlich die Zusammensetzung der Verwendungskomponenten aus den Beiträgen der m Wirtschaftsbereiche sowie aus den Einfuhren von Gütern und Diensten dar.

12. Da in der Volkswirtschaftlichen Gesamtrechnung des Statistischen Bundesamtes Entstehungs- und Verwendungsseite jeweils sowohl zu laufenden als auch zu konstanten Preisen angegeben sind, bereitet es keine Schwierigkeiten, die Komponenten der Verwendungsseite ebenfalls zu laufenden Preisen (Werten) und zu konstanten Preisen (Volumen) in Größen der Entstehungsseite auszudrücken; zum Beispiel

(12.1) $\dfrac{C^t}{C^o} = \dfrac{\sum_{i=1}^{m} Y_{iC}^t + \sum_{i=1}^{m} M_{iC}^t + F_{MC}^t}{\sum_{i=1}^{m} Y_{iC}^o + \sum_{i=1}^{m} M_{iC}^o + F_{MC}^o}$

Entsprechend lauten die Ausdrücke für

$\dfrac{K^t}{K^o}, \dfrac{I^t}{I^o}, \dfrac{V^t}{V^o}$ und $\dfrac{X^t}{X^o}$.

Gleichung (12.1) drückt aus, daß die Preise der Verwendungskomponenten die gewogenen Mittel der Preise der in diese Komponenten jeweils eingehenden Beiträge und Importe sind.

In folgender, leicht modifizierter Schreibweise von (12.1) tritt dies noch deutlicher zutage:

$$(12.2) \quad \frac{C^t}{C^o} = \sum_{i=1}^{m} \left[\frac{Y_{iC}^t}{Y_{iC}^o} \frac{Y_{iC}^o}{C^o} \right] + \frac{\sum_{i=1}^{m} M_{iC}^t + F_{MC}^t}{\sum_{i=1}^{m} M_{iC}^o + F_{MC}^o} \cdot \frac{\sum_{i=1}^{m} M_{iC}^o + F_{MC}^o}{C^o}$$

In dieser Gleichung sind die $\frac{Y_{iC}^t}{Y_{iC}^o}$ sowie der Ausdruck

$\frac{\sum_{i=1}^{m} M_{iC}^t + F_{MC}^t}{\sum_{i=1}^{m} M_{iC}^o + F_{MC}^o}$ Preisindizes, die beiden anderen Ausdrücke sind

Gewichte. Beim Importpreisindex wurde auf eine weitere Disaggregation verzichtet, da das statistische Material doch nicht erlaubt, diese auch tatsächlich zu vollziehen. Was die Beitragspreise angeht, so treten diese in der Gleichung (12.2) jetzt explizit mit ihren Gewichten in Erscheinung.

13. Auch dieser Schritt kann freilich noch nicht der letzte sein, wenn man sich vergegenwärtigt, daß hinter den Preisen der Beitragseinheit (Volumeneinheit) nun die einzelnen volkswirtschaftlichen Kostenarten stehen; folglich gilt:

$$(13.1) \quad \frac{Y_{iC}^t}{Y_{iC}^o} = \frac{Y_i^t}{Y_i^o} = \frac{L_i^t}{Y_i^o} + \frac{D_i^t}{Y_i^o} + \frac{T_i^t}{Y_i^o} + \frac{R_i^t}{Y_i^o} \quad (i = 1, 2, \ldots m)$$

Mit ihren Gewichten versehen, lauten die Beitragspreise sodann:

$$(13.2) \quad \frac{Y_{iC}^t}{Y_{iC}^o} \frac{Y_{iC}^o}{C^o} = \frac{L_i^t}{Y_i^o} \frac{Y_{iC}^o}{C^o} + \frac{D_i^t}{Y_i^o} \frac{Y_{iC}^o}{C^o} + \frac{T_i^t}{Y_i^o} \frac{Y_{iC}^o}{C^o} + \frac{R_i^t}{Y_i^o} \frac{Y_{iC}^o}{C^o}$$

und summiert über i = 1, 2, ... m:

$$(13.3) \quad \sum_{i=1}^{m} \frac{Y_{iC}^t}{Y_{iC}^o} \frac{Y_{iC}^o}{C^o} = \sum_{i=1}^{m} \frac{L_i^t}{Y_i^o} \frac{Y_{iC}^o}{C^o} + \sum_{i=1}^{m} \frac{D_i^t}{Y_i^o} \frac{Y_{iC}^o}{C^o} + \sum_{i=1}^{m} \frac{T_i^t}{Y_i^o} \frac{Y_{iC}^o}{C^o} +$$

$$+ \sum_{i=1}^{m} \frac{R_i^t}{Y_i^o} \frac{Y_{iC}^o}{C^o}$$

Eingesetzt in (12.2) ergibt sich der Preisindex des privaten Verbrauchs endlich in der Form:

$$(13.4) \quad \frac{C^t}{C^o} = \sum_{i=1}^{m} \frac{L_i^t}{Y_i^o} \frac{Y_{iC}^o}{C^o} + \sum_{i=1}^{m} \frac{D_i^t}{Y_i^o} \frac{Y_{iC}^o}{C^o} + \sum_{i=1}^{m} \frac{T_i^t}{Y_i^o} \frac{Y_{iC}^o}{C^o} + \sum_{i=1}^{m} \frac{R_i^t}{Y_i^o} \frac{Y_{iC}^o}{C^o} +$$

$$+ \frac{\sum_{i=1}^{m} M_{iC}^{t} + F_{MC}^{t}}{\sum_{i=1}^{m} M_{iC}^{o} + F_{MC}^{o}} \cdot \frac{\sum_{i=1}^{m} M_{iC}^{o} + F_{MC}^{o}}{C^{o}}$$

Nach dieser Gleichung ist die Rekonstruktion des Preisindex auf der Verwendungsseite aus den „Elementarteilchen" der Entstehungsseite, d. h. aus der Kostenentwicklung möglich und das zu Beginn gestellte Problem gelöst.

Für die übrigen Verwendungskomponenten lauten die Gleichungen naturgemäß analog; es ist in der obigen Form lediglich die Größe und der Index C überall durch die entsprechenden anderen Größen bzw. Indizes zu ersetzen.

Printed by Libri Plureos GmbH
in Hamburg, Germany